詐欺一覧表【表】

詐欺	概要	本文で取り上げている項目
フィッシングメール・スミッシング	実在する組織をかたって、ユーザーネーム、パスワード、アカウントID、キャッシュカードの暗証番号、クレジットカード情報といった情報をだまし取る。メールのリンクから詐欺サイト（フィッシングサイト）に誘導し、個人情報を入力させるほか、ショートメッセージ（SMS）で誘導するケース（スミッシング）もある。	1章 ●本物をコピーして同じ見た目にする 1章 ●銀行からの手紙と同じ文章を使う 2章 ●「無料」で釣ってアクセスさせる 4章 ●「使えなくなる」不都合で焦らせる
QRコード詐欺（クイッシング）	不正なQRコードから、詐欺サイト（フィッシングサイト）に誘導し、個人情報やクレジットカード情報をだまし取る。不正なQRコードは、パソコンやスマホの画面に表示する以外にも、紙のチラシに載せたり、正規のQRコードの上に貼り付けたりするケースもある。	2章 ●「お得なチラシ」と思わせる
当選詐欺	偽の商品当選画面や、偽の現金当選サイト、懸賞に当選した旨のメールなどからクレジットカード情報や銀行口座情報などをだまし取る。現金を受け取るための手数料として振り込ませたり、電子ギフト券を購入させたりするケースもある。	2章 ●「当選しました」で釣る
ラッキービジター詐欺	Webサイトを訪問した際に「あなたはX月XX、2024のラッキービジターです」などのメッセージを表示させ、商品が当たるチャンスがあるなどとして、アンケートなどに誘導し、個人情報やクレジットカード情報をだまし取る。	2章 ●コラム　ラッキービジター詐欺とは
サポート詐欺	インターネットを閲覧中に、突然、ウイルス感染したかのような嘘の画面を表示させたり、警告音を発生させるなどして、ユーザーの不安を煽り、画面に記載されたサポート窓口に電話をかけさせ、サポートの名目で金銭をだまし取ったり、遠隔操作ソフトをインストールさせたりする。	4章 ●警告画面で焦燥感を煽る
チケット詐欺	アーティストやスポーツの観戦が好きな人の「どうしても見に行きたい」という気持ちにつけ込み、架空のチケットの売買を持ちかけたり、定価以上の高額でチケットを販売したりする。	―
ネットショッピング詐欺	正規のインターネットショッピングサイトなどを模した詐欺サイトを構築し、商品の注文・代金の振込を受けたうえで、商品を発送しないまたはは偽物の商品を発送する。	2章 ●「今なら安い」ですぐに買おうとさせる
投資詐欺	SNSを中心に著名人の写真を使った投資広告や、「必ず儲かる投資方法を教えます」といったメッセージで偽の投資アプリなどに誘導し、お金をだまし取る。 複数の人物がそれぞれの役割を演じて、だまそうと仕掛ける「劇場型」といわれるケースや、株式や債券などを購入するために名義を貸してほしいと依頼し、応じた人を違法行為の当事者に仕立て上げて金銭を要求するケースもある。	1章 ●なりすましで本人だと思わせる 3章 ●「仲間がいるから大丈夫」と思わせる 3章 ●本当だと一度証明して安心させる 3章 ●「なりすましじゃありません」という音声で本人と信じ込ませる 3章 ●なりすました人物の動画で信じ込ませる
ロマンス詐欺	SNSやマッチングアプリを通じて知り合った人と、実際に会うことなくやりとりを積み重ね、恋愛感情や親近感を覚えたところでお金をだまし取る。	3章 ●長期間にわたりコミュニケーションをとることで信頼関係を築く
副業・アルバイト詐欺	Webサイトや SNSなどで「儲かる・返済不要」と偽り副業を誘引し、登録料・初期費用やサポート費用の名目で代金をだまし取る、あるいは、消費者金融への申し込みおよび借り入れを指示し、その借入したお金をだまし取る。	―
返金詐欺	ネットショッピングで商品購入した利用者を、「欠品のため、スマホ決済サービスを使って返金する」などの理由でQRコードを使った返金手続きに誘導した後、返金を受けるためのQRコードではなく送金用のコードを送り、資金をだまし取る。	―
オレオレ詐欺	親族などを名乗り、「鞄を置き忘れた。小切手が入っていた。お金が必要だ」などと言って、現金をだまし取る（脅し取る）。	―
預貯金詐欺	警察官、銀行協会職員などを名乗り、「あなたの口座が犯罪に利用されています。キャッシュカードの交換手続きが必要です」と言ったり、役所の職員などを名乗り「医療費などの過払い金があります。こちらで手続きをするのでカードを取りに行きます」などと言って暗証番号を聞き出し、キャッシュカードなどをだまし取る（脅し取る）。	―

キリトリ

キリトリ

詐欺一覧表【裏】

詐欺	概要	本文で取り上げている項目
キャッシュカード詐欺盗	警察官や銀行協会、大手百貨店などの職員を名乗り、「キャッシュカードが不正に利用されているので使えないようにする」などと言ってキャッシュカードを準備させ、隙を見てポイントカードなどとすり替えて盗み取る。	3章 ●「後ほど担当よりご連絡します」とリアルなやりとりを見せる 4章 ●「盗まれている」で焦らせる 4章 ●コラム キャッシュカード詐欺盗の被害者は高齢の女性が多い
架空料金請求詐欺	有料サイトや消費料金などについて、「未払いの料金があります。今日中に払わなければ裁判になります」などとメールやSNSで通知したり、パソコンなどでインターネットサイトを閲覧中に「ウイルスに感染しました」と表示させて、ウイルス対策のサポート費用を口実に、金銭などをだまし取る（脅し取る）。	−
還付金詐欺	医療費、税金、保険料などについて、「還付金があるので手続きしてください」などと言って、被害者にATMを操作させ、被害者の口座から犯人の口座に送金させる。	3章 ●実在する役所の部署を装う 3章 ●個人情報を使って話すことで信じさせる 3章 ●「そうかもしれない」と思わせる理由をつける
融資保証金詐欺	実際には融資しないのに、かんたんに融資が受けられると信じ込ませ、融資を申し込んできた人に対し、「保証金が必要です」などと言って金銭などをだまし取る（脅し取る）。	−
金融商品詐欺	価値がまったくない未公開株や高価な物品などについて嘘の情報を教えて、購入すれば儲かると信じ込ませ、その購入代金として金銭などをだまし取る（脅し取る）。	−
ギャンブル詐欺	「パチンコ打ち子募集」などと雑誌に掲載したり、メールを送りつけ、会員登録などを申し込んできた人に、登録料や情報料として金銭などをだまし取る（脅し取る）。	−
交際あっせん詐欺	「女性紹介」などと雑誌に掲載したり、メールを送りつけ、女性の紹介を申し込んできた人に、会員登録料金や保証金として金銭などをだまし取る（脅し取る）。	−
なりすまし詐欺	他者の身元や立場を装い、その人物になったかのように行動してだます。多くの詐欺で使われる手口であり、インターネット上でのなりすましや詐称のほか、対面で会ったり電話で話したりするなかでも身元を隠して他人になりすますケースがある。 なりすまし詐欺の例としては以下がある。 ・フィッシングにより詐取した他者の認証情報を使い、その人物になりすましてサービスに不正ログインする ・標的組織の取引先企業になりすましてメールを送り、振込先口座の変更などを指示して金銭をだまし取る ・銀行員になりすまして銀行口座が不正利用されているなどと電話し、必要な対応とだまして認証情報を聞き出す ・AIを悪用して生成した他者の顔画像を使い、その人物になりすましてオンライン上での顔認証を突破する ・AIを悪用して生成した他者の音声を使い、その人物になりすまして家族や友人に電話をかけ、金銭を要求する	1章 ●なりすましで本人だと思わせる 3章 ●実在する役所の部署を装う 3章 ●個人情報を使って話すことで信じさせる 3章 ●「そうかもしれない」と思わせる理由をつける 3章 ●「後ほど担当よりご連絡します」とリアルなやりとりを見せる 3章 ●「なりすましじゃありません」という音声で本人と信じ込ませる 3章 ●なりすました人物の動画で信じ込ませる 4章 ●「盗まれている」で焦らせる 4章 ●「捕まる」で不安にさせる
アポ電詐欺	役所の担当者や銀行員などになりすまして電話をかけ、後日訪問して金銭をだまし取る。親族などを名乗り「電話番号が変わった」と伝え、再度電話して金銭を要求したり、身内や銀行員を装った電話で資産状況などを探り、後日その家で強盗をはたらいたりするケースもある。	−
「犯罪に加担させる」		
闇バイト	SNSやインターネット掲示板にて、具体的な業務の内容を明かさないまま「高額報酬が得られます」といううたい文句で犯罪の実行者を募集し、応募者を強盗や詐欺に加担させる。SNSやインターネットだけでなく、知人から勧誘されるケースもある。	2章 ●「かんたんに稼げる」で興味を惹く 3章 ●コラム 履歴書に自分の情報を書いただけなのに
口座売買・譲渡	SNSなどで「銀行口座を高額で買い取ります」というような投稿で募集し、応募者に銀行口座を有償または無償で譲渡させる。所有している口座を譲渡させるだけでなく、口座を開設させるケースもある。	2章 ●「かんたんに稼げる」で興味を惹く

著
小森美武
木村将之
岡本信秀
池田芳輝
海老原章
新林直樹
田中しおり
佐野智弥
株式会社ラック
金融犯罪対策センター

だます技術

技術評論社

はじめに

「自分が詐欺の被害に遭うことなんてない」

「そうかんたんにだまされないだろう」

「本当かウソかは、すぐに見分けられるだろう」


あなたはそう思っていませんか。

テレビで詐欺のニュースを見かけたとしても、実際に身近で詐欺に巻き込まれる経験がないと現実味も薄いでしょう。

しかし、最近ニュースなどでよく話題にあがる「SNS投資詐欺」「ロマンス詐欺」「振り込め詐欺」などの「特殊詐欺」の被害は、2023年に2万件以上確認されています。これだけ詐欺の被害が増えているということは、もはや他人事ではなく、あなたや家族、知人が詐欺の被害者になる可能性が高まっていると言えます。

詐欺にだまされて、財産のほとんどを失ってしまった状況を想像してみてください。安泰だと思っていた人生が、一変してしまうかもしれません。あるいは、苦労している生活がさらに困窮するかもしれません。そして、

「まさか自分がだまされるなんて……」
「なぜあの時に気づけなかったんだ?」
「大事なお金を返して!」

と悲しみや後悔、怒りに苛まれることになります。

それでは、だまされないようにするには何をすべきでしょうか。

重要なのは、「相手を知って、自分を知る」ことです。具体的には、犯罪者のだますテクニックを知るとともに、被害者がだまされてしまう心理を知ることで

す。

本書では、さまざまな詐欺の具体的な被害例を見ながら、被害者をだます仕組みを解説します。また、終章では、だまされる可能性を下げるための方法をご紹介します。

本書を読み終わったとき、あなたは詐欺の仕組みや身を守る方法を理解できます。さらに、家族や知人にも読んでもらうことで、まわりの人も身を守れるすべを理解できます。

詐欺の手口は日々変化し続けており、常に新しい手口から身を守らなければなりません。しかし、詐欺によってだまされる仕組みとその心理を理解することで、自身でどうすべきかを考える力も身につくでしょう。

わたしは、6年ほどこのような犯罪から社会を守るために立ち向かってきました。最初は、三菱UFJ銀行のサイバー犯罪対策や金融犯罪対策を担当する部門で、銀行の利用者が被害に遭わないようにするために、さまざまな取り組みを進めてきました。

その後、「所属している銀行の利用者だけでなく社会全体を守りたい」という強い思いから、2020年に大手セキュリティ会社のラックに転職しました。そして、新たに専門部署である「金融犯罪対策センター」を立ち上げ、現在も自ら陣頭指揮をとりながら取り組みを続けています。ここ数年においては、さまざまなメディアでニュースの取材や番組に出演する機会をいただいています。

金融犯罪対策センターに所属するわたしの仲間は、「安心・安全な金融サービス環境の実現」を一緒に目指して、おもに金融機関やその関係機関を支援しています。具体的には、金融犯罪対策のコンサルティングや、AIを使った対策ソリューション「AIゼロフラウド」の提供、講演などの啓発活動です。さらに、金融業界や学術機関に加えさまざまな組織・団体と連携し、最新の技術や犯罪手口、対策を共有しあっています。

「世の中から1人でも詐欺の被害者を減らしたい」

その一心で、本書にはこれまでわたしたち金融犯罪対策センターのメンバーが培ってきた経験や知識を余すことなく詰め込んでいます。手に取っていただいたあなたやそのまわりの方々の身を守る一助となれば幸いです。

株式会社ラック　初代金融犯罪対策センター長

小森美武

だます技術　目次

第2章

美味しい話で惹きつける

第3章 話術と仕掛けで信用させる

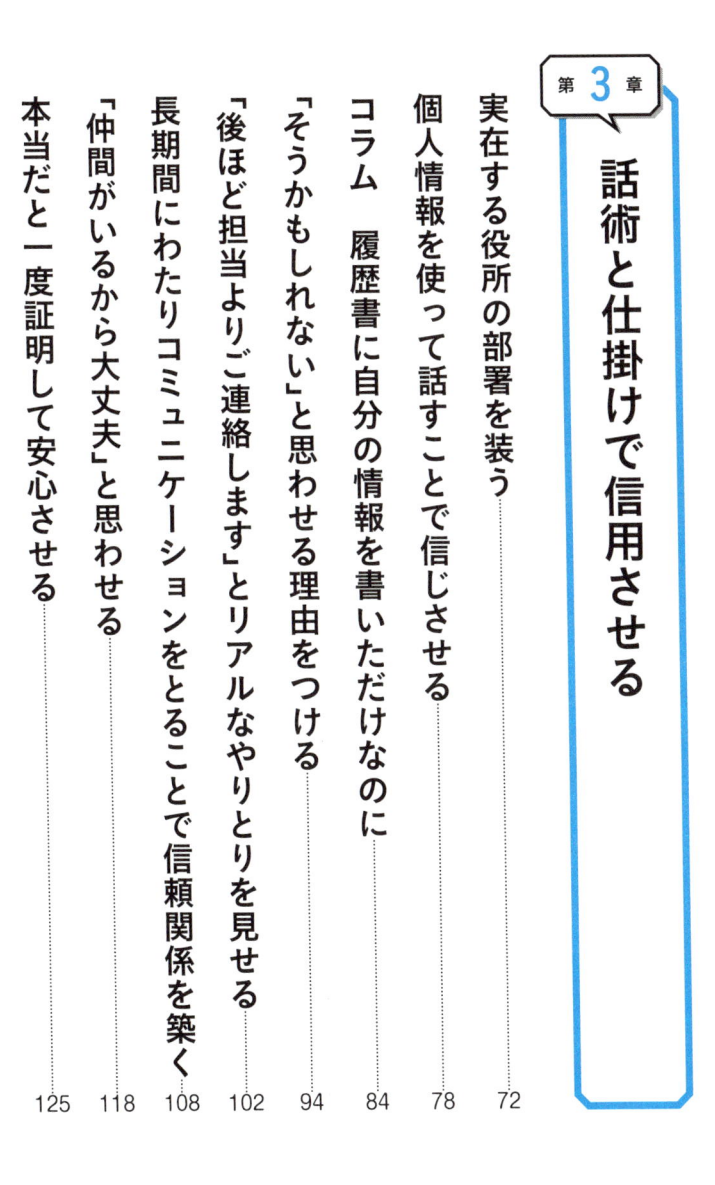

第4章 考えられない状況に陥れる

終章 だまされる可能性を下げるには

第1章

本物と錯覚させる

本物をコピーして同じ見た目にする

お支払いに問題があり、プライム特典がご利用いただけない状況です。

パソコンでメールをチェックしていると、こんな件名のメールがAmazonから届いていた。

えっ、お支払いに問題？　まったく心当たりがない。送料無料やドラマ・映画などの見放題が利用できないのは困るな。早く確認しないと。

メール本文に「支払方法を更新する」という文章とともに「https://amaz0n.co.jp」というURLが記載されていたので、クリックすると、いつも見ているログイン画面が表示された。

ログインIDとパスワードを入力してログインボタンをクリックすると、「あなたの情報を検証する」という Amazon の設定画面に切り替わり、「請求書住所の更新」として名前や生年月日、住所の入力欄が表示された。

あれ、支払方法を更新するはずなのに、どうして請求書住所を更新する必要があるのだろう？

少し違和感があったが、先に進んでまちがっていれば戻ればいいか。

請求書住所の情報を入力して、下にあるボタンをクリックすると、今度は目的の支払い情報の更新画面が表示された。

よかった、この手続きであっていそうだな。さっさと入力して更新を済ませてしまおう。

手続きがまちがっていなかったことに安心し、クレジットカードの名義人名やカード番号、有効期限、セキュリティコードの入力欄に自分のクレジットカード情報を入力して、下にあるボタンをクリックした。

すると、クレジットカードの認証画面に切り替わり、今回の利用内容として、加盟店名はAmazon、ご利用金額は0円と記載されていた。

今回はAmazonの更新手続きだから、これで問題なさそうだな。

画面の下にあるパスワードの入力欄に情報を入力して送信ボタンを押すと、Amazonの画面に戻って「アカウントが復元されました」と表示された。

よかった、これでいつもどおりプライム特典を利用できる。

＊＊＊

翌週、クレジットカードの利用状況を確認したところ、身に覚えのない利用履歴が5件あり、合計金額15万円と記載されていた。慌ててカード会社に電話で問い合わせをした。

メールの差出人はかんたんに変更できてしまう

犯罪者は、詐欺サイトに誘導することを目的に、実在するサービスを装った偽物のメールを送ってきます。

メールが偽物であることを見分けるために、差出人名とメールアドレスを確認しても、それらだけでは詐欺メールかどうか判断ができません。なぜなら、**差出人名の表示は差出人側の設定で自由に変更できてしまう**ためです。一般に利用されているメールソフトでも、差出人を変更することはかんたんにできます。

URLやメールアドレスを本物と勘違いさせる

メールに記載されているサイトのURLやメールアドレスについても、本物から一部を変更したものを使って本物だと思わせるケースがあります。

・amaz0n.co.jp　※今回の事例
→o（オー）を0（数字のゼロ）にして、amazon.co.jp に見せかける

・google.com
↓l（エル）をI（アイ）にして、googleに見せかける

・rnicrosoft.com
↓rとnをくっつけてmのように見せる

本物のサイトと同じ見た目や動きにする

「メールの差出人名やURLでだまされてしまっても、さすがにアクセスしたサイトを見れば偽物だとすぐに気づくのではないか」

そう思うかもしれません。しかし、詐欺サイトは本物のサイトをコピーしているので、見た目で判断することは困難です。

サイトをコピーするための方法論やツールはたくさんあります。ためしに、「サイトコピーツール」で検索してみてください。そのような手段を使うことで、ー

Tの知識がなくともかんたんにサイトをコピーできてしまいます。

また、被害例では、本物のサイトであれば表示されない請求書住所の更新画面が表示されていますが、これは犯罪者が詐取したい情報を被害者に入力させるため、本物のサイトのデザインを一部コピーもしくは模倣して作成した偽物の画面となります。本物と同じロゴや検索バー、色づかいになっているので、本物と錯覚してしまいます。

銀行からの手紙と同じ文章を使う

【A銀行】お取引目的等のご確認のお願い

メールをチェックをしていると、こんな件名のメールが届いていた。A銀行には口座を持っていて、給与の振込、公共料金やクレジットカードの引き落としに使っているし、インターネットバンキングも利用している。

何の連絡だろうかと疑問に思いながらメールを開くと、次のような文章が。

平素より、A銀行をご利用いただきありがとうございます。

当社では、犯罪収益移転防止法に基づき、お取引を行う目的等を確認させていただいております。

(途中省略)

下記のボタンをクリックするとお客さま情報・取引目的の確認の画面が表示されます。

画面の案内に沿ってお客さま情報等の確認とご変更の有無、取引目的をご回答ください。

(途中省略)

株式会社A銀行

そういえば、以前にもA銀行からこのような確認のお願いが封書で来ていたが、今回からメールに変更になったのかな。いちいち記入して郵便ポストに投函しに行く手間が省けるし、銀行も顧客に回答してもらえるよう配慮しているんだな。

あらためて読み返してみると、次の注意文言が記載されている。

※一定期間内にご確認いただけない場合、口座取引を一部制限させていただきます。

ん、お金の引き出しや、口座からの引き落としができなくなるってこと？　それは困るな。めんどうだし、さっさと手続きしてしまおう。

メールにある「お取引目的の確認」をクリックし、画面表示にしたがって、お客さま番号、ログインパスワード、口座番号、氏名、生年月日、暗証番号、電話番号、メールアドレスなどを入力した。

実際におこなわれていることなので調べてもウソだと気づけない

銀行などの金融機関は、犯罪収益移転防止法（正式名称：犯罪による収益の移転防止に関する法律）に基づき、マネー・ローンダリング、テロ資金供与への対策の1つとして、お客さまに対して定期的にお取引目的の確認を実施しています。

口座を開設している金融機関のホームページを見たり、インターネットで検索したりすると、

「お取引目的等に関するご協力のお願い」
「お客さま情報ご提供のお願い」

などのタイトルで、口座の利用目的や、お客さま情報を定期的に確認させていただいている旨が掲載されており、口座利用者へ回答に協力してほしいと依頼していることがわかります。実際に、案内がきたという方もいらっしゃるのではないでしょうか。

取引目的確認の案内は、封書もしくはハガキで届くのが一般的で、その銀行の口座を持っていない場合は、容易に不審なメールと気づくはずです。しかし、た

またまその銀行の口座を持っている場合には、銀行からのメールと思いこんでしまうでしょう。

本物と同じ文章なので違和感がない

犯罪者は、金融機関がお客さまへ郵送している案内文をインターネットなどから入手し、文章を作成するなどして、いかにも金融機関からの連絡であるように不特定多数に送りつけてきます。

本物をそのまま利用するので、**メールの件名や本文がおかしな日本語となっていることはほとんどありません**。また、メール本文の一番下にある署名欄を見ても、実在する金融機関名や登録番号（例：関東財務局長（登金）第○号）などが記載されています。

メールの内容から見ても特段の違和感なく、被害者は銀行からのメールであると信じてしまうのです。

「面倒なことになる前に解決したい」という心理につけこむ

メールには、一定期間ご確認がいただけない場合は口座取引を一部制限する旨の記載があり、生活口座として利用していた被害者は使えなくなる前に何とかしようと思ってしまいます。その心理につけこむように、犯罪者は「お取引目的の確認」ボタンを用意して、入力画面に誘導します。

被害者は、焦る気持ちと、「画面へ入力すれば手続きが完了する」という利便性が相まって、**本来の取引目的の確認にまったく関係ない**、インターネットバンキングのログインＩＤ・パスワード、口座の暗証番号や、氏名、生年月日、電話番号、メールアドレスなどの個人情報を入力してしまいます。

犯罪者は、盗みとった情報を用いて被害者のインターネットバンキングにログインして不正に送金をおこなう、もしくは、ほかの詐欺手口によりキャッシュカードを盗むなどして、金銭を奪うのです。

なりすまして本人だと思わせる

最近投資に興味を持ち始めたけれども、始めるにしてもどうしたらいいのかわからない。たまたまSNSを見ていると、テレビ番組でも見たことがある著名な投資家の写真が載った広告を目にした。

投資の始め方の講義が無料で受けられます。絶対に儲かる方法を教えます。

へぇ、こんな有名な投資家が講義しているのか。しかも、無料だなんて。ちょっと見てみようかな。

興味本位で広告をクリックしてみると、その投資家にチャットで友だち申請するようにとの案内が書かれていた。

えっ、どこかの会場で講義を受けたり、インターネットで動画を見たりするものかと思っていたけど、本人からチャットで直接教えてもらえるの？

少し期待しながら手続きを進めると、チャットアプリの友だち登録をおこなう画面が表示された。登録対象のアカウントには、投資家の名前と、テレビで見たことのあるあの顔が載っていた。

友だち登録のボタンを押すと、すぐに投資家から「はじめまして」とチャットが送られてきた。

本当に本人？　少し驚いて、思わず「ご本人ですか？」と聞くと、すぐに返信があった。

「私が本物か疑っていますか？　免許証をお見せします。これで信じていただけますか」

チャットに送られてきた免許証の画像には、投資家の名前とともに、本人の顔写真が載っていた。

「失礼しました、やっぱりご本人ですね。安心しました」

その後、投資家本人から投資の基礎を学ぶグループチャットに招待された。そのグループチャットで投資家は「先生」と呼ばれており、先生と参加者の間で活発に発言がおこなわれていた。

自分も先生に相談しながら投資を始めてみようと思い、チャットを送った。

「先生、初心者なのですが、何から始めたらいいですか？」

「手始めに、この銘柄から始めてみたらどうですか。ここだけの話ですが、私はこの経営者と知り合いで、私しか知らない情報があって、必ず値上がりします。私も投資しています」

たしかに、先生がこの経営者と対談しているのをテレビで見たことがあるな。先生も投資しているなら安心できそうだ。

「わかりました、投資してみます」

そうして、指定された口座に100万円を振り込んだ。

著名人になりすまして安心させる

はじめて投資するときは、本当に儲けられるのか不安になるものです。そこで犯罪者は、テレビなどでよく知っている著名な人物になりすまして、「絶対に儲かる方法を教えます」といった発言で被害者の興味をそそり、不安を薄れさせます。

なりすましに利用される対象は、今回の事例に登場するような投資家に加え、経済アナリスト、実業家、ジャーナリスト、大学教授など、テレビや雑誌などでなじみのある人物です。**投資関連のＳＮＳ広告の半数以上がなりすましとも言われています。**

本人の名前と顔写真でアカウントを作り、本物だと錯覚させる

被害者は、チャットのアカウントの名前と顔写真が著名な投資家のものだったため、投資家本人のアカウントだと思ってしまっています。

ＳＮＳでのアカウントのなりすましは、そもそもサービスの規約で禁止されていることが多いのですが、アカウント名やプロフィール画像は、なりすます相手の名前と顔画像を本人のＳＮＳやホームページなどから入手し、設定できてしまう場合があります。特に、著名な人物であれば、**インターネットで検索するだけでかんたんに画像を入手できてしまう**でしょう。

免許証があっても本人とは限らない

なりすましの対象は、アカウントだけではありません。今回の犯罪者は、本人だと確認させるために免許証を提示していますが、**免許証もかんたんに偽造することができます**。画面を通して提示するのであれば、本物と多少違っていたとしても見分けられないでしょう。

「知識、経験、人脈が豊富だから儲かりそうだ」と思わせる

冷静になってみれば、投資家の発言から、信頼できない人物だとわかります。**投資は「絶対に儲かる」と言えるものではない**ので、いくら著名で実績のある投資家でもそのような発言はしないでしょう。「私しか知らない情報があって必ず値上がりします」という発言は、未公表の重要情報で株取引をおこなう違法行為**「インサイダー取引」にあたる**恐れがあります。

しかし、最初に信頼できると思った、知識、経験、人脈が豊富な相手から「必ず値上がりします」「私も投資しています」などと言われると、疑うよりも、儲かりそうだという方向に意識が向いてしまい、言われるがままに従ってしまうの

です。

第2章

美味しい話で惹きつける

「お得なチラシ」と思わせる

【期間限定】このチラシが投函されたマンションにお住まいの方だけへのご案内
初回注文のみ、通常１８００円の高級焼肉弁当が５００円で注文できます。
このチラシに掲載されているＱＲコードから、ご注文ください。

自宅マンションの集合ポストに、こんなチラシが投函されていた。

おっ！　前からこの焼肉店が気になっていたんだよ。高級焼肉が５００円で食

べられるのはお得だな。

フードデリバリーや出前のチラシはこれまでも投函されていたことはあり、ときどき利用したことがある。でも、近所でも有名なこの焼肉店のチラシははじめて見た。このマンションに住んでいる人限定と記載されており、近隣のマンションの住民に今後店舗を利用してもらうことを見据えたサービスなのだろう。【期間限定】と記載されているのでさっそく注文してみよう。

チラシのQRコードをスマホで読み込むと、注文画面が表示された。いちいちURLを入力したりWebで検索したりしなくてもアクセスできるからとても楽だな。

表示された画面に沿ってお弁当の注文個数や配達希望時間を入力した。

続いて、届け先の情報を入力する画面が表示されたので、自分の名前や住所、電話番号を入力した。すると、決済情報の入力画面に切り替わって、クレジットカード情報の入力が求められた。クレジットカード決済限定なのか。

いつもＷｅｂサービスを利用するように自分のクレジットカードのカード名義やカード番号、有効期限、セキュリティコードを画面に沿って入力した。

すると、画面に「決済完了」の表示がされた。無事に注文が受けつけられたようだ。

＊＊＊

その後、30分ほどで配達されるとのことだったが、いつまで待っても注文したお弁当が届かない。おかしいな。直接お店に電話して確認してみよう。

スマホで焼肉店の電話番号を調べて電話をかけてみると、そのような注文を受けていないし、チラシも配っていないとのことだった。

近隣店舗のお得なチラシで興味を惹く

郵便受けには、日々いろいろなチラシが投函されてきます。必要ないと思えば、すぐに廃棄するでしょう。

しかし、中にはフードデリバリーや出前などのお得なクーポンがついていることもあります。そういったお得なチラシは、「いつか使うこともあるかもしれない」と捨てずに、取っておくこともあるのではないでしょうか。

普段からそのようなチラシを目にしているなか、特に近隣のなじみのあるお店のチラシであれば、疑うことなく本物だと思ってしまうでしょう。

「期間限定」「初回限定」といったうたい文句で、急いで利用させる

今回、犯罪者は近所で有名な焼肉店を装いお得に見せた偽物のチラシによって、被害者の興味を惹いています。チラシを見た被害者は、普段はなかなか食べられない高級な弁当が格安で食べられる「お得なチラシ」だと思い込んでしまいます。

さらに、チラシに「期間限定」や「初回限定」といったうたい文句が書かれて

いるため、**急いで利用しないといけないと思ってしまいます。**

QRコードで偽物を見分けにくくする

最近では、店舗のホームページやインターネット通販の注文サイトへのアクセスなど、さまざまな場面でQRコードが利用されています。QRコードは、さまざまな情報を2次元（平面）のドットで表現したバーコードであり、URLなどの文字列も表現することができます。

QRコードは、スマートフォンのカメラ機能を使ってコードを読み込むだけで、URLの入力や検索サイトで検索する手間を省き、目的のサイトにダイレクトにアクセスできる便利な機能です。そのため、多くの方が抵抗なく利用しているのではないでしょうか。

しかし、**QRコードを見ただけでは、アクセス先のサイトのURLを確認することはできません。**犯罪者は、これを悪用し、個人情報やクレジットカード情報などを入手するための詐欺サイトのURLをQRコードで見えないようにし、利用者がURLの怪しさに気づくことなくアクセスするように誘導してきます。

このようなQRコードを用いた詐欺は**「クイッシング」**とも呼ばれています。読み込んでアクセスしたサイトのURLを確認しなければ、偽物と疑うこともないでしょう。

「かんたんに稼げる」で興味を惹く

今月のスマホゲーム代、請求が10万円になっちゃった……。またクレジットカードでキャッシングして払うか。

そんなとき、ＳＮＳを見ていたらこんな投稿があった。

かんたん10万円収入↓詳細はＤＭで案内

なんだか怪しいとは思ったけれど、ちょうどお金に困っているタイミングだし、もし10万円稼げなくても損にはならないだろうから、だめもとでＤＭ（ダイレクトメッセージ）を送った。

「具体的に何をすればいいですか？」

すると、返信がきた。

「お使いになっていない銀行口座はありませんか？」

「ありますけど」

「どこの銀行ですか？」

「○○銀行です」

「その口座ですと10万円で買い取ることができます」

えっ、口座を売るだけで10万円もらえるの？

さすがに怪しいと思い、SNSで「銀行口座売買」というキーワードで検索した。すると、「銀行口座の売買は犯罪だ」という投稿があったものの、別の投稿では「口座を売ったれけど捕まらなかった」との投稿もあった。さらに別の投稿では、「口座を売るのに通帳・印鑑・キャッシュカードを送付したが、報酬は受け取れなかった」と投稿があった。

口座売買をすると、通帳や印鑑、キャッシュカードをだまし取られることがあるんだ。やっぱ止めようかなぁ……でも、お金は欲しいし……。少し聞くだけ聞いてみて、だまされると感じたらすぐやめればいいか。

「興味があるのですが、銀行口座の売買は犯罪ではないのですか？」

「厳密には犯罪ですが、歩行者の信号無視のようなものです。信号無視を警官に見つかっても、注意されるだけですよね」

なるほど、やってはいけないことだけど、よほどのことでもない限り捕まるほどではないってことか。

だまし取られないように、やりとりの方法も確認しておこう。

「SNSに、通帳、印鑑、キャッシュカードをだまし取られたと書き込みがあったのですが、大丈夫なんですか?」

「大丈夫です。通帳、印鑑、キャッシュカードは必要ありません。通帳のコピー、免許証のコピー、キャッシュカード暗証番号をDMに添付ください。免許証の住所は、口座開設時の住所と変更ありませんよね。それだけで10万円になります」

現物ではなくコピーでいいのか。現物を渡す必要がなければ、だまし取られることもなさそうだ。

不安に感じていた部分を確認できたので安心していると、相手から続けてメッセージがきた。

「そちらの口座でインターネットバンキングの契約はされていますか?」

この口座はバイトの給与をキャッシュカードで引き出していただけだから、インターネットバンキングの契約はしていない。何か不都合があるのかな。価格が下がったらいやだなぁ。

「インターネットバンキングの契約はしていません。なにか不都合ありますか？金額が下がるとか？」

「大丈夫です。金額に変更はありません」

よかった。でも、お金はどうやってもらえるのだろうか。

「ご要望の物はすべて用意できますが、お金はどうやってもらえるのですか？」

「すべて提出いただいた後に、今回の口座に振り込みますので、キャッシュカードで引き出してください」

なるほど。振り込まれたお金をキャッシュカードで引き出すのであれば、だれとも直接会わないし、SNSのDMだけで完結するのなら見つかる可能性も低そうだ。

もし見つかったとしても、まさに歩行者の信号無視だな。自分で通帳、印鑑、キャッシュカードを持っていれば、口座の管理も引き続き自分でできるから、問題ないだろう。

「通帳のコピー、免許証のコピー、キャッシュカードの暗証番号を送信しました」
「たしかに受け取りました。内容を確認でき次第、入金させていただきます」

＊＊＊

それから3日後、口座に3万円の入金があった。しかし、約束の10万円と話が違うのでDMで問い合わせたが、なしのつぶてになった。

「手間をかけずにお金が手に入る」魅力をちらつかせる

大半の人は複数の銀行口座を持っていて、その中にはすでに利用していない口座があると思います。利用しなくなった銀行口座をそのままにしても大きな不都合はないので、解約まで実施する人は多くはありません。放置している銀行口座がインターネットのやりとりだけで現金化できるのであれば、特に困窮した状態では魅力的に感じてしまいます。

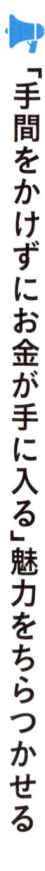

「必ずしも犯罪とはいえない」と正当化する

口座売買が犯罪だとわかれば、躊躇する気持ちも少なからずあるでしょう。しかし、インターネットには、口座売買が犯罪であっても検挙されないという誤った情報も存在しています。口座を売る人は、このような情報で安心してしまいます。被害例では、そこに犯罪者は「歩行者の信号無視は検挙されない」という例え話を持ち出すことで、口座を売る人の行動を正当化するよう後押ししています。

口座を売る人は、現物（通帳、免許証、キャッシュカード）を郵送する必要がなく、SNSのDMのやりとりで完結することから、犯罪として見つかる可能性が低いと考えました。しかし、**実際には売買した口座が詐欺などで使われると、口座の持ち主まで捜査される**ので、犯罪は発覚します。

インターネットバンキングの契約をしていない口座は使い勝手がいい

犯罪者が購入した口座は、振り込み詐欺の入金口座として利用されます。犯罪に使われる口座は、被害者を信用させるため特にメガバンクの口座が高値で売買される傾向にあります。今回の例で、口座を買う人（犯罪者）が「どこの銀行ですか」とたずねているのはそのためです。

犯罪者は、口座を売った人の口座に3万円を振り込んでいます。なぜこんなことをするかといえば、**口座売買で得た銀行口座が正常に利用できるかどうかを確認する**ためです。

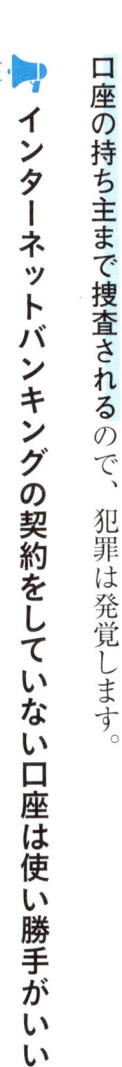

インターネットバンキングは、銀行窓口・ATM（銀行・コンビニ）などを介さずとも入金確認・資金移動が可能です。そのため、犯罪者にとっては、対面・防犯カメラでの身元（顔）バレがなく、都合がいい手段となっています。

インターネットバンキングの契約をしていない口座は、新たにインターネットバンキング契約をおこなうことが可能で、SMS（ショートメッセージサービス）認証などを犯罪者が操作できるため、犯罪者にとって使い勝手のいい口座となります。インターネットバンキングの契約がすでにされている場合、犯罪者の携帯電話で使用できるようにするためには、口座の持ち主に送られてくるSMS認証のパスコードを聞き出す必要があり、手間がかかります。

なお、強盗・侵入盗などの事件のうち、SNSで募集した実行役に犯行を指示する犯罪が増加していますが、ほとんどがSNSで「だれでもできる」「軽い作業」のうたい文句でだまされて犯罪に加担したケースとなります。

「無料」で釣ってアクセスさせる

今夜、サッカーの代表戦のテレビ中継がある。仕事を早めに終わらせて、家に帰って観よう。

……そう思いながら仕事をしていたが、今日中に片づけないといけない仕事が思いのほか時間がかかってしまい、会社を出るのが遅くなってしまった。試合開始に間に合わない……どうしても最初からリアルタイムで観たい。

帰宅途中の電車の中でそう思って、スマートフォンで観られるサイトをSNSで探した。検索ワードやハッシュタグを追いかけていると、ライブ配信の投稿をいくつか目にしたが、その中にこんな投稿を見つけた。

サッカー代表戦、無料ライブ配信

無料でライブ視聴できるのか。これはいいものを見つけたぞ。

投稿にあるURLをクリックすると、配信サイトに切り替わった。配信サイトには再生ボタンがあり、それをクリックすると、無料アカウントの作成が必要とのメッセージが表示された。画面案内にしたがって、ID（メールアドレス）とパスワードを入力した。

さらに次の画面では、アカウント確認のためクレジットカード番号の入力が求められた。

無料のはずなのに、どうしてクレジットカード情報が必要になるのかな？疑問に思いながら画面を見ていくと、次のような記載が。

クレジットカードは将来の購入を容易にするためにのみ必要です。プレミアム会員資格にアップグレードするか購入しない限り、クレジットカード明細に請求が記載されることはありませんこの試合だけ無料で観られるなら問題ないか。プレミアム会員になるつもりもないから、請求されることはないし。

画面にしたがって、氏名、カード番号、有効期限、セキュリティコードなどのクレジットカード情報を入力した。

その後、無料ライブ配信の画面に戻って観戦しようとしたが、どうやっても視聴できない。

あれっ、どうなってるの？　入力内容をまちがえたかな。

何度か同じ操作を繰り返しても、視聴できない。結局、スマートフォンでの視聴をあきらめ、帰宅して試合途中からテレビで観戦した。

＊＊＊

後日、クレジットカード利用代金の口座振替日に、いつも以上の金額が口座から引き落とされていることに気づいた。クレジットカード会社のサイトで確認したところ、身に覚えのない利用明細があった。

「大好きなスポーツをリアルタイムで観戦したい」という欲求に訴える

オリンピック、ワールドカップなどのスポーツ中継は、多くの方が視聴します。学校の部活動で経験があったり、経験がなくとも大好きなスポーツであれば、観たいと思う気持ちが強くなるものです。「せっかく観るのであれば、最初からリアルタイムで視聴してアスリートたちと同じ時間を共有したい」という方も多いのではないでしょうか。

この事例では、帰宅途中に試合が始まってしまうことから、最初からリアルタイムで観戦したいという欲求に駆られ、スマートフォンでライブ視聴できるサイトがないか探しています。犯罪者は、このような人たちの目に留まるように、**嘘のライブ配信の投稿をSNSで流す**のです。

「無料」の魔力で釣り上げる

同じライブ視聴の場合、有料と無料があったら、どちらを選ぶでしょうか。**「お金を払ってまでは視聴しない」**と考える人が多いのではないでしょうか。

犯罪者はその心理を巧みに利用し、SNSの投稿において「無料」をうたい文句に、偽のライブ配信のサイト（詐欺サイト）へ誘導します。被害者は、リアルタイムで観戦したい欲求と、「無料」の魔力に惹きつけられて、「これって怪しいのでは？」と疑うことを疎かにしてしまうのです。

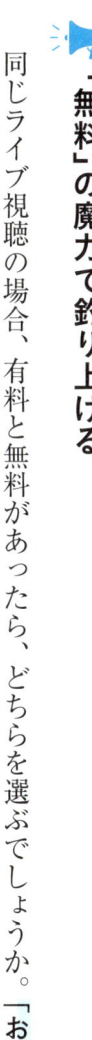

「費用は請求されない」との表示で不安を与えずクレジットカード情報を入力させる

犯罪者は、偽の配信サイトで、視聴するためのアカウント登録およびクレジットカード情報の入力を要求してきます。そこでも、クレジットカードの情報が必要なもっともな理由を挙げて、被害者を不審・不安に思わせないようにします。この事例では、プレミアム会員（有料会員）となる際の手続きを容易にするためであり、プレミアム会員にならない限り請求されることはない旨を表示しています。

被害者は、「なぜ、クレジットカード情報が必要なのか」と一瞬不安に思ったとしても、「プレミアム会員にならなければ請求されないので問題はない」と**自らを納得させて**、ついついクレジットカード情報を入力してしまっています。

「当選しました」で釣る

パソコンでメールボックスを確認していると、ある件名のメールが目についた。

【宝くじ当選通知】当選おめでとうございます！

宝くじで当選!?　応募した覚えはないんだけど。一応、いくら当たったのか確認してみるか。

メールを開くと、「宝くじの1等に当選して3億円を獲得した」と記載されていた。

さ、3億円!? それだけあれば、欲しいものも全部買えるし、どこにでも行けるじゃないか! 毎日ストレスを感じている仕事もしなくていい。多少豪華な生活をしても使いきれない。

メールの画面を下にスクロールしていくと、こんな記載があった。

当選金を受け取るための手続きをお願いします。以下のURLにアクセスして当選金を振り込む銀行口座などを登録してください。

URLをクリックして表示されたサイトには、当選金を振り込む銀行口座の情報を入力する欄と送信ボタンがあった。口座情報を入力して送信ボタンを押すと、画面が変わって、こんな説明が出てきた。

当選金を受け取るためには、送金手数料として2000円のお支払いが必要です。これは一時的なものですので、当選金と合わせて返金します。

ええ、当選したのにお金を払う必要があるの？　ちょっとおかしくないか？

……でも、本当に当選したとしたら、こんなチャンスもう二度とないだろう。それに3億円受け取れるのであれば、2000円なんて大したことないし、すぐに返ってくるみたいだし。とりあえず払ってみるか。

送金手数料の支払い方法は、2000円分の電子ギフト券を購入して、サイトにギフト券の番号を入力するというものだった。電子ギフト券を購入するために急いでコンビニに向かった。

その後、3億円が振り込まれる様子はいっこうになかった。

当選はつい気になってしまう

被害者は、宝くじに応募した覚えがないものの、メールを開封しています。これは、「お金がもらえるかもしれない」という期待から気になってしまったためです。特に普段からお金に困っていたり、お金持ちになりたいなどと思っていたりする人にとっては、つい目を引いてしまう話題です。犯罪者は、このような気持ちを利用して、当選をエサに釣っているのです。

当選の内容は、宝くじ以外にもさまざまなケースがあります。

- スマートフォンの最新機種がもらえるキャンペーンに当選
- 数万円の電子ギフト券がもらえる抽選に当選
- 著名人のお金配り企画に当選
- コンビニ商品の無料引き換えクーポンに当選
- 携帯事業者のお金がもらえるキャンペーンに当選

大金を見せられて、期待する気持ちが膨らんでしまう

被害者は、メールの内容に書かれていた当選金の金額の大きさに驚くと同時に、当選金が手に入った後の使い道について考えている中で、欲求で頭がいっぱいになってしまいます。こうなると「ちょっとおかしいのでは」と疑うことより

も、「二度とないこのチャンスを逃したくない」という気持ちのほうが勝ってしまうのです。

「当選金をもらえるなら手数料など大したことない」と思ってしまう

被害者は、当選金の受け取りに関する手数料に疑問を持ちつつも、大したことないと判断して支払ってしまっています。得られる金額と手数料を無意識に比較しているためです。これは「アンカリング効果」という認知バイアスの一種で、最初に見た条件によって無意識に歪んだ判断をしてしまうというものです。

単純に銀行の送金手数料として考えた場合、2000円は高いと感じる方は多いでしょう。しかし、「3億円を受け取るための手数料が2000円」と考えると、なんだか少ないようにも感じてしまいます。このようなアンカリング効果の罠にはまり、「大したことない」と思って支払ってしまうのです。

犯人を特定しづらい手段でお金を手に入れる

今回、支払い方法に「電子ギフト券」を使っています。これは、電子ギフト券が比較的入手しやすいことに加え、**他人のものを勝手に使っても特定されにくい**ためです。

銀行振込やクレジットカード支払いでは、相手が銀行口座やクレジットカードを持っている必要があります。そして、それぞれの作成には個人情報を提示したり、審査を通過したりしなければなりません。

一方で、電子ギフト券は、コンビニやインターネットなどでかんたんに購入できます。また、購入した電子ギフト券の番号やＩＤなどの情報さえ把握できれば購入者本人でなくても使用できてしまうので、わざわざ相手からギフト券を入手する必要がありません。

なお、ほとんどの電子ギフト券で禁止されていますが、転売して換金することも可能です。こうなってしまうと、だれに盗まれたのか特定しづらくなります。

コラム

ラッキービジター詐欺とは

当選詐欺と似ている詐欺の1つに「ラッキービジター詐欺」というものがあります。

「このサイトに訪問したあなたは、ラッキーなことにアンケートに答えるだけで豪華な景品が手に入ります」

と称してだますものです。景品には、高価なスマートフォンがよく使われます。

景品を得ようとかんたんなアンケートに答えると、画面が切り替わって、格安で景品が購入できるような情報が表示されます。それを購入しようと自分の個人情報やクレジットカード情報などを入力してしまうと、その情報が盗まれてしまうのです。

「今なら安い」ですぐに買おうとさせる

最近スマホの新しい機種が発売された。今のスマホは長く使っていたし、そろそろ買い替えようかな。でも、スマホも安くはない。
中古品を探そうか。でもやっぱり新品がいいな。

どうしようかなと悩みながらもいろんなサイトを見ていると、欲しかったスマホが相場よりもめちゃくちゃ安く売られているところを見つけた。そのサイトは聞いたことがない名前だったが、なんと

本日タイムセール開催中！　今だけ最大80％OFF！

となっている。しかも、在庫は残り1個だ。

こんなに安く売っているなんて！　今日限定だし、すぐに売り切れるよな〜。

そう思って購入まで進もうとしたが、一瞬頭の中に不安がよぎった。

ここのサイト、ほかのサイトに比べてかなり安いけど、問題ないよな……？

しかし、むしろ「今買わないと売り切れてしまう！」という焦りのほうが強く、急いで「支払い」ボタンを押した。

支払い画面に進むと、支払い方法として「クレジットカード払い」「銀行振込」「コンビニ払い」「代金引換」が表示されていた。いつもネットで商品を購入するときと同じように、「クレジットカード払い」をクリックして購入に進もうとした。しかし、なぜか選択できない。

なんでクレジットカードが選択できないいんだ？

何度クリックしても反応しない。

ほかの選択肢はどうかと、「銀行振込」「コンビニ払い」「代金引換」をそれぞれクリックすると、「銀行振込」のみ問題なく選択できた。

どうしてだろう。通信が混み合っていて、今は銀行振込しか使えないように機能を制限しているのかな？　まあ、銀行振込でもいいか。それよりも、早く買わなきゃ売り切れちゃう。

すぐに銀行振込を選択して、購入手続きをおこない、指定された銀行口座に代金を振り込んだ。

詐欺サイトは検索結果に普通に表示される

ブラウザから検索して表示されるサイトは、犯罪者から誘導されURLをクリックして表示されるサイトとは異なり、安全だと思うかもしれません。しかし、Google ChromeやFirefox、Microsoft Edgeなどの**有名なブラウザでも、詐欺サ**

イトは普通に表示されてしまいます。

また、通常、検索結果の上位に表示されるのは公式サイトが多いため、検索時に上位に出てくるサイトは特に安全だと考えがちですが、そうとは限りません。

たとえば、

・タイトルやコンテンツを工夫して、利用者の検索意図を満たすようなサイトにする
・広告枠を購入したりすることで、任意のサイトを検索結果の上位に表示させる

といったことができます。

このようにして犯罪者は、被害者が興味を持つような詐欺サイトを目につきやすい場所に配置するのです。

「今買わないと！」と購買意欲を掻き立てる

被害者は、新しいスマートフォンが欲しかったものの値段が高く、買うことを躊躇していました。犯罪者は、そういった「あと少し背中を押せば購入までしてくれそうな人」を狙って、

今だけ〇〇％OFF
大特価セール開催中

など興味を惹くフレーズを用いて攻撃を仕掛けます。

ほかにも、市場に出回っていない希少価値が高いもの、流行っており高額で取り引きされているものなどを販売しているように見せかける場合もあります。

こうすることで、被害者が「どうしても手に入れたい」「ここでしか手に入れられない」と思うように誘導し、購入手続きまで実行させるのです。

気持ちが昂っていると、自分に都合がいいように解釈してしまう

欲しかったスマートフォンがタイムセールで安く売られているのを見つけたときに、かなりテンションが上がるのは想像にたやすいかと思います。気持ちが昂った状態になると、普段では気づくような不審なことも気づくのが難しくなります。

今回の例でも、被害者は「こんなに安くて問題ないのだろうか」と一瞬は不安になったり、なぜか銀行の振込だけしか選択できないことを不思議に思ったりしています。しかし、不安や疑問よりも「欲しかったスマホが手に入る」ということに**テンションが上がっているため、それ以上は深く考えなくなります**。むしろ、

「売られているスマホのうち、きっとごくわずか、少量のみをこの価格で特別に販売しているんだ。問題ないだろう」

「今買わずに売り切れたらきっと後悔するだろう」

と自分を納得させてしまうのです。

詐欺サイトのイメージ

○○ショッピングサイト
スーパータイムセール
人気商品も
今だけ最大
80%OFF
本日限り！
カテゴリ
スマートフォン >
パソコン >
ゲーム >
家電商品 >
ファッション >
セールアイテム
残り1個！
80%OFF
××製 スマートフォン
200,000円(税込)
40,000円(税込)
80%OFF
△△製 スマートフォン
200,000円(税込)
40,000円(税込)
60%OFF
△△製 スマートフォンX
250,000円(税込)
100,000円(税込)
70%OFF
●●製 パソコン
400,000円(税込)
120,000円(税込)
80%OFF
＊＊製 ゲーム機
80,000円(税込)
16,000円(税込)
残り1個！
50%OFF
スニーカー(ブラック)
100,000円(税込)
50,000円(税込)

○○ショッピングサイト
ショッピングカート
××製 スマートフォン
− 1 +
200,000円(税込)
40,000円(税込)
注文内容
小計 40,000円(税込)
配達料 550円(税込)
合計 40,550円(税込)
支払い方法
クレジットカード払い >
銀行振込 >
コンビニ払い >
代金引換 >
支払い方法は“銀行振込”
しか選択できない
その他の支払い方法は表記
されているのみ

第3章

話術と仕掛けで信用させる

実在する役所の部署を装う

ある日、携帯電話に着信があった。

「こんにちは、Ａさんでしょうか。ＸＸ市役所のＮＮ課のＢと申します。本日は、医療費の還付に関するご案内で、お電話差し上げました。さっそくですが、市役所から茶色い封筒は届いていますでしょうか？」

市役所から電話というのはめずらしい。茶色い封筒なんて届いていたかな。

「茶色の封筒？　どんなの？」

「ご自宅へ『医療費還付に関するお知らせ』と記載した封筒を郵送していたので

すが……」

「ほんと？　おぼえてないなぁ」

これまでも市役所からの封筒は何度か受け取っているけど、もしかしてうっかり見落としたかもしれないな。なんだか不安になってきた。

「そうなんですね。今年度、医療保険金の支払額の改定がありまして。調べてみたところ、一部の方に過払いがあり、還付金が発生することが判明しましたので、対象の方にお知らせのために封筒をお送りしておりました」

「なるほどね」

「Aさんの場合ですと、3万円ほど還付金がございます」

「へえ、そんなにお金が戻ってくるの」

「はい、郵送した書類に関しましてはすでに申請書の期限が切れてしまっていまして、書類での手続きはすでにできなくなってしまっているのですが、新しく還付金の手続きが銀行やＡＴＭ、コンビニなどでおこなうことが可能になりましたので、手続きがお済みではない方に対してご連絡を差し上げている次第でございます」

「はあ、ご丁寧にありがとうございます」

３万円も還付金があるなんて想定外だ。臨時収入はうれしいけれど、具体的な手続きの方法がよくわからないな。

「手続きはどのようにすればいいんですか」

「封筒をお持ちでなくとも、ＡＴＭからかんたんにお手続き可能です。ＡＴＭはよく使われますか？」

「まあ、近所のコンビニのＡＴＭをたまに……」

「そちらから手続きが可能です。その際に、注意いただきたいことがございます。まず、キャッシュカードを本人確認のためにもっていく必要があります。それと、必ずご本人様が手続きをおこなう必要がございます。私が携帯電話から手続きのサポートをすることも可能ですが、いかがですか？」

こういう難しい手続きはよくわからなくなることが多いし、教えてもらうのが一番だろう。

「うーん、じゃあ頼むよ」
「電話をつなげたまま、コンビニへ向かっていただけますと幸いです」

臨時収入が楽しみだ。

「公的機関だから大丈夫」と思ってしまう

詐欺において、被害者と実際に関係のある実在の組織を名乗ることで相手の信頼感を得るのは、よく使われる手口の1つです。特に**公的機関の名前を名乗られると、多くの人は怪しさより安心感を覚える**のではないでしょうか。

今回の手口で用いられた市役所は、日常的に生活とかかわりのある機関です。被害者も、過去に市役所で手続きをおこなったり、郵便物を受け取ったりした経験があるため、「市役所からの連絡だから大丈夫だろう」と信じ込んでしまっています。

事実を利用してだます

犯罪者は、被害者をだますために、事実に基づいた情報を巧みに使います。今回の場合は、「市役所から同様の郵便物が届いたことがある」という経験と具体的な手続きの説明をもって被害者をだまします。

さらに、説明においては「市役所からの手紙」や「医療費」のように**被害者が生活で直面しうる事例を用いることで信頼感を高めます**。

具体的な利益と指示を示して行動させる

犯罪者は、被害者に具体的な利益を示すことで心理的に引き込みます。被害者は「3万円の還付金がある」と提示されていますが、このように**具体的な利益を示すことで心理的に惹きつける**手口は、投資詐欺や闇バイトでよく使われます。

それに加えて、「ATMに行って手続きをする」「携帯電話をつないだままコンビニへ行く」など**具体的な行動が示されることで、何をするべきか明確になり、抵抗感が薄れます**。このような指示は、あたかも正当な手続きであるように聞こえ、被害者は疑念を抱かず従ってしまうのです。

個人情報を使って話すことで信じさせる

ある日、自宅に電話がかかってきた。

「わたくし、△△市役所健康保険課の××と申します。今年の8月に緑色の封筒で『高額医療費の一部払い戻し手続きについて』という書類をお送りしたのですが、ご覧になられましたでしょうか」

市役所から緑色の封筒が送られてきた記憶はない。封筒は届いていないと答えると、職員はこのように返してきた。

「さようでございますか。○○さまあてに、△△市◎◎町X－X－Xの住所でお送りしたのですが、ご住所にお変わりはないでしょうか」

たしかに、自宅の住所で合っている。

「ほかの住民の方でも、似たような封筒と一緒に捨ててしまったということがよくあります。何か手違いがあったのかもしれないですね」

封筒を誤って捨ててしまったというのは、ありえるな。

納得していると、職員は話を続けた。

「お送りした書類は高額医療費の払い戻し制度に関するものです。令和X年から令和Y年の間に病院代やお薬代で高額医療に該当するものがあれば、一定金額を超える分につき払い戻しをおこなうというものでございます。○○さまの場合、令和X年から令和Y年の間にXXXX円の払い戻しがございましたので、ご案内の封筒をお送りしております」

つまり、国の制度で医療費が返ってくるという話なのか。

「こちら、期限が今年のＸＸ月ＸＸ日、本日となりますが、◯◯さまの手続きが済んでいないようでしたので、ご確認のお電話をさせていただきました。期限が過ぎてしまいますと、払い戻しの手続きが国に移ってしまい、少し複雑になってお時間がかかります。本日中のお手続きをご希望されるようでしたら、ＡＴＭを使った払い戻しの手続きが可能です」

複雑な手続きをおこなうのはめんどうだ。ＡＴＭなら近くのコンビニにあるな。

その後、市役所職員の指示に従って、近くのコンビニまで行き、ＡＴＭを操作して払い戻しの手続きをおこなった。

本人の名前や住所を伝えて本物だと思わせる

役所、警察、銀行といった組織は、世間一般に個人の名前や住所といった個人情報を持っていると認識されています。犯罪者はこれを逆手にとり、市役所の職員や警察官を名乗るときに被害者の名前や住所を知っていることを意識的に伝えようとします。被害者は**「自分の名前や住所を知っているのであれば、本物の市役所職員や警察官にまちがいない」と勝手に思い込んで**、だまされてしまいます。

個人情報はさまざまな手段で入手する

個人情報は、「名前」「生年月日」「住所」「顔写真」などにより特定の個人を識別できる情報をいいます。これ以外にも、電話番号やメールアドレスといった情報は犯罪者が悪用しやすいです。

犯罪者にとって、これらの情報を入手するのはかんたんです。

●詐欺サイトを使って、個人情報を入力させる

犯罪者は、銀行やクレジットカード会社など実在する企業をよそおって、偽のメールやSMS（ショートメッセージサービス）を送ります。メールやSMSには企業をかたった詐欺サイトのURLが埋め込まれており、URLにアクセスすると、登録情報の更新などといつわって、「名前」「生年月日」「住所」などを入力するようになっています。これにだまされた人は、すべての情報を入力してしまいます。

●企業のシステムに不正アクセスし、利用客の個人情報を入手する

コンピュータのOSやソフトウェアにおいて、プログラムの不具合や設計上のミスが原因となって発生するサイバーセキュリティ上の欠陥を**「ぜい弱性」**と呼びます。企業のシステムにこのようなぜい弱性が存在すると、犯罪者はそこを突いて企業のシステムに侵入し、利用者の個人情報を盗み出します。

●名簿業者から入手する

個人情報を名簿やデータベースにまとめて販売する、「名簿業者」という存在があります。名簿業者は、同窓会名簿や職員名簿などの持ち込みによって個人情報を取得していますが、中には**同窓会関係者をよそおって個人情報を聞き出したり、企業の関係者が売り込んできた顧客名簿を買い取る**といった手段で個人情報を取得している名簿業者もあります。犯罪者は、このような違法な名簿業者から名簿を買い取ることで個人情報を入手します。

●「ダークウェブ」と呼ばれるサイトで個人情報を入手する

「ダークウェブ」とは、通常の手段ではアクセスできず、Googleなどの検索エンジンでも見つけることができないサイトの総称です。このダークウェブの中では、違法薬物や不正に入手した個人情報などさまざまな違法なモノがやりとりされています。

ダークウェブにアクセスするには特別なツールを使って直接URLを入力する

必要がありますが、犯罪者はそこにアクセスして個人情報を入手します。

● 匿名性の高いアプリの中で個人情報を入手する

犯罪者がよく使うメッセージアプリの代表として「テレグラム」が挙げられます。テレグラムの大きな特徴が、「シークレットチャット」という機能を持つことです。シークレットチャットでは、1対1のやりとりが暗号化され、チャットした内容を当事者以外に知られることはありません。犯罪者はこの機能を使用して、犯罪者内で情報交換をおこない、個人情報を入手します。

コラム

履歴書に自分の情報を書いただけなのに

履歴書にはどんな情報を記載する?

就職や転職、アルバイトをおこなうときに提出する履歴書には、学業や職業の経歴だけでなく、氏名や住所といった個人情報も記載します。厚生労働省が推奨している標準的な履歴書では、次のような情報を記載することになります。

- 氏名
- 生年月日
- 現住所
- 顔写真
- 性別（記載は任意）
- 電話（現住所）
- 連絡先（親元を離れた大学生の実家の住所など）
- 電話（連絡先）
- 学歴・職歴

履歴書

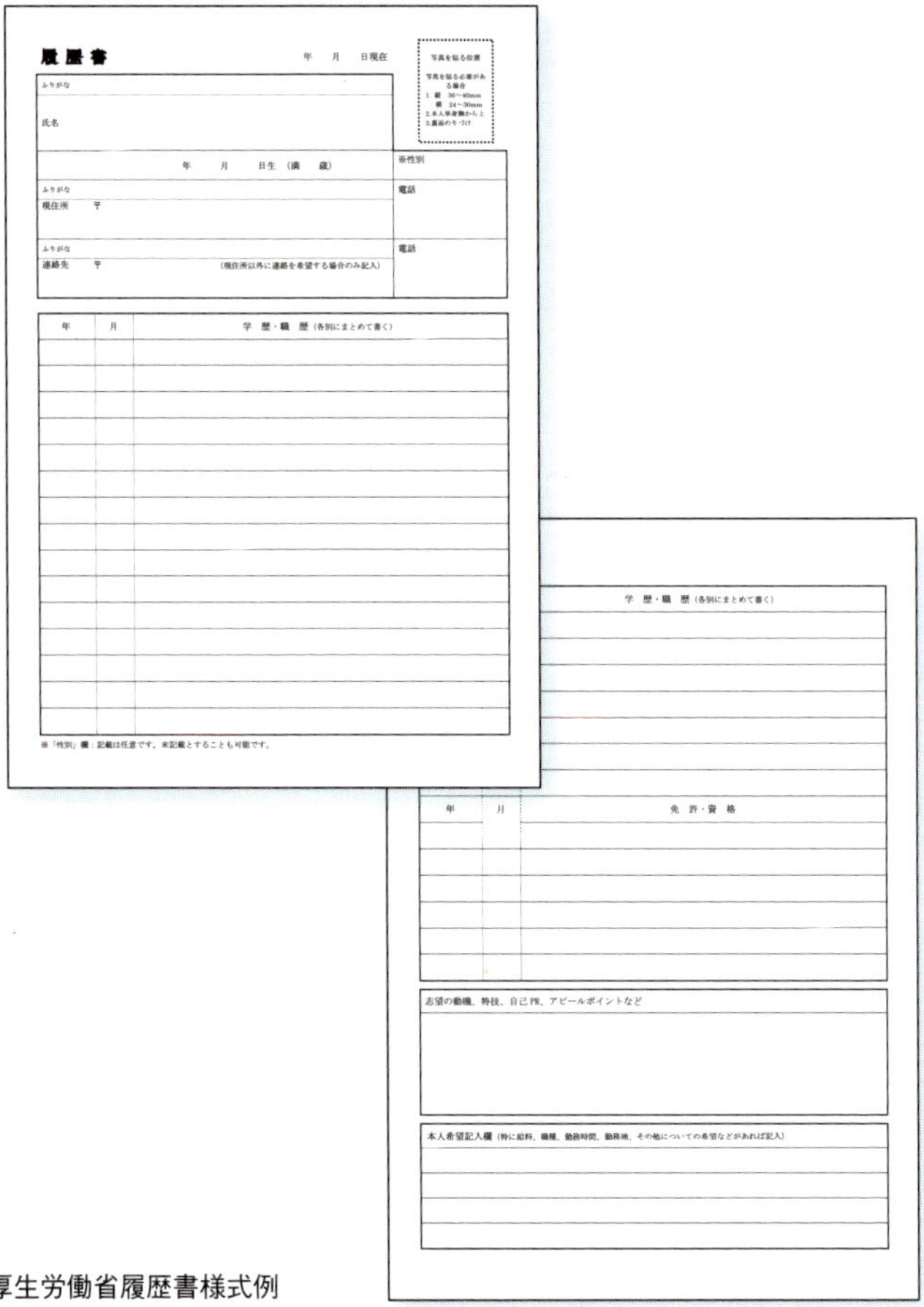
履歴書　年　月　日現在

写真を貼る位置

写真を貼る必要がある場合
1. 縦　36～40mm
　横　24～30mm
2. 本人単身胸から上
3. 裏面のりづけ

ふりがな

氏名

年　月　日生（満　歳）

※性別

ふりがな

現住所　〒

電話

ふりがな

連絡先　〒　（現住所以外に連絡を希望する場合のみ記入）

電話

年	月	学　歴・職　歴（各別にまとめて書く）

※「性別」欄：記載は任意です。未記載とすることも可能です。

年	月	学　歴・職　歴（各別にまとめて書く）

年	月	免　許・資　格

志望の動機、特技、自己PR、アピールポイントなど

本人希望記入欄（特に給料、職種、勤務時間、勤務地、その他についての希望などがあれば記入）

厚生労働省履歴書様式例

このうち、最初に挙げた「氏名」「生年月日」「現住所」「顔写真」の４つは「個人情報」にあたります。

本当は怖い「短時間でかんたんに稼げる！」「即日高収入！」のバイト求人

「短時間でかんたんに稼げる！」
「即日高収入！」

ＳＮＳやインターネットの掲示板でこのような記載があるバイト求人を見かけたことがあるかもしれません。これらには、犯罪の実行者を募集する「闇バイト」の求人が数多く紛れ込んでいます。

「闇バイト」で募集した仕事の多くは、詐欺でだましとったお金を受け取る「受け子」としての役割です。受け子とは、振り込め詐欺で現金を受け取る役割のことです。あるときは被害者の家族の上司、あるときは市役所の職員や警察など、さまざまな職業を演じて、「受け子」は現金を受け取ります。

「受け子」は犯罪グループの末端に位置し、被害者と直接会うことが多いことから現行犯で捕まることも多く、しかも逮捕されるまで何度も犯罪行為をやらされる「捨て駒」として利用されてしまいます。

たった一度でも「受け子」として犯罪に加担してしまうと、犯罪グループから抜けるのは困難です。犯罪グループは、履歴書に書かれた個人情報を利用し、何度も「受け子」を脅して犯罪を実行させます。

個人情報を渡してしまうと、もう逃げられない

犯罪者は個人情報を使って、どのように脅すのでしょうか。いくつか実例を挙げます。

●氏名と顔写真

「SNSに名前と顔写真を載せて詐欺犯罪者だとばらすぞ」と脅します。

SNSで一度拡散されてしまうと、名前や顔写真を削除するのが非常に困

難となります。

●住所

「自宅に押しかけるぞ」と脅します。また、氏名、顔写真と合わせて「名前も顔も住所も知っているのでもう逃げられないぞ」と脅すこともあります。犯罪グループのメンバーが実際に自宅まで押しかけるとさらに効果的です。

●電話

「受け子」を引き受けるまで何度も電話します。

●連絡先と連絡先の電話

1人暮らしをしている学生などの実家の場合、

「実家まで行って母親を狙うぞ」

「実家の家族全員殺すぞ」

などと脅します。また、実家に電話をかけて嫌がらせをおこなったりもします。


このように、犯罪者は氏名だけでなく自宅の住所や電話番号まで知ることで、「受け子」を何度でも執拗に脅して逃げられないようにします。

さらに逃げられないようにする恐ろしい手口

これだけではありません。犯罪グループは、履歴書に書かれた個人情報以外にも次のような情報を聞き出して、逃げられないようにします。

● **免許証などの顔写真付き身分証明書の写真**

身分証明書に記載されている住所を使って、本人の住所を特定します。闇バイトから逃げようとした場合、犯罪者は「自宅に押しかけるぞ」と脅したり、実際に自宅に押しかけたりします。

●身分証明書を持った自撮り写真

これも本人の住所を特定するための方法です。他人の身分証明書を使っていないことを確認することで、身分証明書に記載されている住所が本人のものでまちがいないと確信します。

●建物名と部屋番号(集合住宅の場合)

マンションなどの集合住宅の場合、履歴書に番地しか記載しないケースがありますが、建物名と部屋番号まで聞き出すことで本人の住所を特定します。

● **表札、郵便ポストと本人の顔が一緒に映った状態で室内に入る様子を撮影した動画（一軒家の場合）**

履歴書に嘘の住所を記載していないかを確認します。これで履歴書に記載されている住所が本人のものでまちがいないと確信します。

● **銀行口座（「バイト料振込先」と称して）**

犯罪者が詐欺などで集めた資金を振り込むのに使用します。そして、本人に指示してさらに別の口座に振り込ませることで、より深く犯罪に加担させ、逃げられないようにします。

● **実家の両親の氏名（「緊急連絡先」と称して）**

闇バイトから逃げようとした場合、

「実家まで行って母親から狙う」

「実家の家族全員殺すぞ」

と脅します。また、実家に電話をかけて嫌がらせをおこなったりもします。

ここまでの情報を渡してしまうと、「受け子」はがんじがらめになって逃げるのが困難です。

最初は軽い気持ち、あるいは闇バイトだと気づかずに応募してしまう人もいますが、履歴書に個人情報を書いて渡してしまうと、逃げることもできず、逮捕されるまで犯罪グループの末端として犯罪に加担させられてしまうことになります。

「そうかもしれない」と思わせる理由をつける

市役所から電話で「還付金がもらえる」という連絡があった。指示のとおり、自宅から一番近いＡＴＭのある近所のスーパーマーケットで待っていると、携帯に電話がかかってきた。

「こちら○○銀行です。Ａさんですか？」

あれ、市役所じゃなくて銀行から？　家にかかったきた電話は市役所からだったが。

おかしいと思ったところ、すぐに相手から説明があった。

「市役所のほうから連携いただいてご連絡差し上げました。ＡＴＭには到着しておりますでしょうか」

○○銀行のＡＴＭを使うから、そのようなこともあるのだろう。

「ああそうなの、ちょっと待ってね。はい、着きました」

ＡＴＭに着くと、相手から指示があった。

「まずですね、当行のカードを入れていただいて」

「はい」

「そしたら、暗証番号を入れてください。これで本人認証されますので」

「はい、できました」

「1点お伺いしたいのですが、残高は50万以上ございますでしょうか」

えっ、手続きになぜ残高照会が必要なんだ？

還付金を受け取るだけではないの？

怪しいから聞いてみるか。


「おぼえてないなぁ、なんで？」

「残高によって手続きが変わりまして。残高照会ボタンを押して、確認いただけますでしょうか。すみませんややこしくて」


なるほど、最近の手続きは複雑になったのか。


「えーと、67万円です」

「ありがとうございます。でしたら、振込ボタンを押してください」

「振込？　還付金を受け取るんじゃないの？」

「おっしゃるとおりですが、ATMから還付手続きをおこなう場合、特殊な操作になりまして、振込ボタンからの手続きになります」

先ほどの残高の確認が必要な点といい、少し引っかかる。でも、最近の手続きはいろいろとめんどうなことが多いから、一見変でもこんなものなのか。

「はあ、そうなんですね。はい、押しました」
「では、次にお客様番号の入力をお願いいたします。番号は499516です」
「はい、499516ね」

何を操作しているか、いまいちよくわからないけれど、相手の説明も丁寧だから大丈夫か。自分はデジタルに疎いし、何より相手は銀行の人でプロだからな。

「では、確認を押してください。次に、今回の場合は○○銀行からの還付金が支払われますから、○○銀行を選択いただきます。まず銀行ボタンを押していただいて……はい、50音の表示が出ると思いますので、〝み〟を押していただいて、○○銀行を選んでください」

「銀行を選んだ後は？　支店？とか出てきたけど」

「はい、振込元が○○支店ですので、〝あ〟を選んで、○○支店を押していただければと。口座番号の入力画面になりましたら、番号を入れてください。XXXXXXXです」

「はい、XXXXXXXを入れました」

　思ったよりも手順が多いな……めんどうで腹が立つが、さっさと終わらせたいし、とにかく言われたとおりにやってくしかないか。

「そうしましたら、確認ボタンを押してください。はい、その後も確認を押していただく形で。はい、その後は発行しないボタンを。こちらで取引完了です。紙が出てきませんでしたか？」

「出ました」

「こちら振込先に、BBBBショウジとありますでしょうか」

「あります」

「ありがとうございます。こちらにて手続き完了でございます。何かご不明点ありますでしょうか？」


正しく手続きができたようでよかった。さっさと終わらせよう。


「特にありません」

「はい、ありがとうございました。手続きは約1週間で完了します。完了次第お振り込みしますので、ご確認いただけますと幸いです。では、本日はありがとうございました」

そう言われて電話が切れた。

めんどうな手続きを問題なく完了したことにほっとして、その日はそのまま家に帰った。

「特殊な操作」と説明して納得させる

還付金の詐欺において、犯罪者は被害者にATMメニューから振込を選ばせ、可能な限りの高額な振込額を入力させた後、自身の口座を振込先に指定させる必要があります。これらの操作を被害者に違和感なくおこなわせるために、犯罪者はさまざまな理由をつけて説明します。

・メニューから振込を選ばせる　↓　「還付金のための特殊な操作だ」と説明
・振込額を指定する　↓　「お客様番号だ」と言う
・受け取りに自身の口座から振り込む　↓　「還付金の振込元を指定するためだ」

と説明

被害者は**お客様番号として4995l6を入力しましたが、実際は49万9516円を振り込んだ**ことになります。

無知につけこむ

デジタルの操作や手続きの知識がないと、被害者が還付金を受け取る操作ではないと気づくのは困難です。

さらに、犯罪者が銀行員を名乗ることで、**「プロが言っているからまちがいない」という信頼感を抱いてしまいます**。そのため、被害者は何の操作をおこなっているか理解しなくても、指示どおりに操作してしまうのです。

「後ほど担当よりご連絡します」とリアルなやりとりを見せる

「あなたの口座が詐欺グループに狙われています」

警察から、突然電話がかかってきた。どういうことだ？

「じつは詐欺グループの犯人を逮捕したのですが、押収したリストにあなたの名義の口座番号が載っていまして。おそらく犯人は、あなたの口座を狙っていると思われます」

え!?　自分の口座が狙われている？

犯人は捕まったと言っているけど、大丈夫なのだろうか？

捕まっていない犯人がいて、悪いことをしないだろうか？

「口座を不正に利用されないようにするには、口座を止める手続きをおこなって、キャッシュカードを再発行する必要があります。じつは銀行協会と協力しておりまして、キャッシュカードの再発行まで銀行協会の方が対応してくれます。後ほどくわしい説明を銀行協会よりおこなってもらいますので、いったん電話を切ってお待ちください」

警察の人がそう言って電話を切ると、すぐに銀行協会から電話があった。

「銀行協会の○○と申します。警察からの連絡を受けて対応させていただきます。さぞご心配だと思いますが、どうぞご安心ください」

銀行の関係者がそう言うなら、大丈夫だろう。ちょっと安心した。

「警察からもかんたんな説明があったと思いますが、まずは犯罪者に口座を使われないよう、口座を停止する手続きをおこないます。これはこちらで対応します。次に、口座が使えないままだと不便だと思いますので、キャッシュカードを再発行します。新しいキャッシュカードになると、犯罪者は使うことができなくなり、安全に口座を使えるようになります」

口座は普段からけっこう使っているので、早く新しいキャッシュカードを発行してほしい。

「再発行するにはどうすればいいのですか？」

「今からご自宅に伺ってキャッシュカードをお預かりします。今のキャッシュカードは銀行協会に持ち帰って破棄し、その後、新しいカードを郵送いたします。なお、キャッシュカードをお預かりする際は、だれにも使われないようキャッシュカードと暗証番号を書いた紙を封筒に入れて印鑑を押して封印するので、封筒と印鑑をご準備ください」

銀行協会の人の説明は具体的でわかりやすく、手続きの内容もよく理解できた。

その後、自宅に訪れた銀行協会の人にキャッシュカードと暗証番号を書いた紙を入れた封筒を手渡した。

複数の人物で連携してだます

「あなたの口座が狙われている。今からキャッシュカードを再発行するので、自宅に伺う」

そう言われても、相手が1人だけならば「それは本当の話なのか？」と少し怪しむかもしれません。

ところが、警察、銀行協会といった実在する複数の組織が、あたかも協力して犯罪対応にあたっているように見せればどうでしょうか。被害者は最初に「口座が狙われている」と感情をゆさぶられている状態であり、警察や銀行協会など複数の組織から電話を受けると、**まさか両方とも犯罪者だとは思わず**、本当に起こっている話なのだと信じ込んでしまいやすくなります。

このように、役割を持った複数の人が被害者をだます手口を**「劇場型詐欺」**と呼びます。このケースでは、警察をかたる人物が「あなたの口座が狙われている」と不安感をあおり、銀行協会をかたる人物が具体的な対応方法を説明することで安心感を与えています。

緻密な演技で本当の話だと思ってしまう

劇場型詐欺において、犯罪者はシナリオを準備して詐欺にのぞみます。このケースでは、警察を演じる人物と銀行協会を演じる人物の両方が、**お互いに連絡し合って協力していると伝えることで、嘘の話にリアリティを持たせています。**

被害者は、複数の人物が自分を狙って電話してきているとは知らず、警察や銀行協会があたかも言いそうな話（実際にこういうことを警察や銀行協会は言いませんが）だとだまされて、犯罪者の指示どおりに行動してしまいます。

長期間にわたりコミュニケーションをとることで信頼関係を築く

結婚したいと思ってマッチングアプリで相手を探していたところ、外国人から連絡を受けた。

「こんにちは、わたしはBといいます。お話しできますか」

なぜこのサービスに外国の人がいるんだ?

少し疑問に思ったが、プロフィールの顔写真が浮世離れした見た目で好みのタイプだし、とりあえず話をしてみるか。

「こんにちは、海外の方ははじめてです」

すると、すぐに返信が来た。

「私はアメリカで看護師をしています、母親と2人暮らしです。いつか日本人と結婚して日本に住みたいという夢があります」

そうなのか、だったら日本の話題で会話が盛り上がるかな。

その後、日本のことや、自分のこと、趣味についてなど、話がとても盛り上がった。

さらに話を続けていくと、Bさんが現在生活に苦労している様子が伺えた。

「父がいない分、自分が母親を支えなければいけなくて。看護師としての収入だけでは生活費が苦しい状況なのです。仕事が増えるので、返信が遅くなるかもしれません」

少しでも力になれないかと伝えたが、「自分の力で解決してみせる、気にしないでほしい」と言われてしまった……。

＊＊＊

そうしてやりとりを始めてから1ヶ月ぐらい経った。Bさんから連絡があった。

「母親が病気にかかってしまいました。金銭の援助をしてくれませんか」

やっと頼ってくれた！　自分の力で解決すると言っていたBさんが自分を頼ってくれたことがうれしい。すぐに教えてもらった銀行口座へ送金した。

＊＊＊

その後、Bさんからは前向きな話が出てくるようになった。

「最近は本当に心細くて、Aさんと話すことが私の支えです」
「結婚して一緒に暮らしたい」
「日本ではこんな暮らしがしたい」

自分に興味を持ってくれていることがうれしい。何か満たされたような気分だ。

＊＊＊

数週間後、Bさんからうれしい連絡があった。

「母の病気が治りました。あなたのおかげです。母を助けてくれて本当にうれしかった。あなたに会いたい。けれど、今は日本に行くお金がない。これ以上Aさんに迷惑をかけたくないから、お金をためてから日本に行くので、待っていてほしい」

ついにBさんが会いに来てくれる！

問題はお金だが、自分が負担すればすぐ会えるぞ。舞い上がるような気持ちで、Bさんの銀行口座に自発的にお金を振り込んだ。

＊＊＊

ところが数日後、Bさんから驚くような連絡があった。

「ストーカー被害に遭ったんです。警察からの指示で家から出られなくて……」

当然、日本へ来るのはキャンセルになり、渡したお金はキャンセル料にとられて無駄になってしまった。

なんということだ……Bさんの安全には変えられないから仕方ないが。

＊＊＊

そのあとも、渡航の申請や、ビザの取得など、さまざまな問題に対処するためにお金を振り込んだ。Bさんに会えるまであともうちょっとだ。

Bさんという人物は、現実には存在しません。犯罪者が、被害者から金銭をだましとるために演じている架空の人物です。チャットは魅力的な異性に見えるように犯罪者がやりとりしており、プロフィールやチャットで用いられる画像はインターネットから取得したものを利用しています。チャットや画像に生成ＡＩを悪用するパターンも考えられるでしょう。

恋愛感情を利用する

人間は、恋愛感情を持つ相手に、利のある行動をしたくなります。

恋愛感情は、

・身体的魅力
・共通点の発見（類似性の法則）
・相手からの関心・好意

などさまざまな要因が複雑に関わりあって発生します。今回の場合、犯罪者は日本ではあまり見ないような浮世離れした見た目の異国の異性をかたり、被害者と共感できるような趣味や仕事の話をして好意を抱いているようなコミュニケーションをとることで、恋愛感情を引き起こそうとしているのです。

恋愛感情を抱いた相手に利のある行動をしたくなる要因はさまざまなものがありますが、おもに次のことが要因と言われています。

・愛着形成（相手と強い結びつきを形成したい）
・報酬回路（相手の喜びや感謝によって脳にドーパミンが生成され、充足感や幸福感を得る）

じっくりと時間をかけて信じさせる

恋愛感情のような強い感情をすぐに抱かせるのは難しいので、犯罪者は長期間コミュニケーションをとることで被害者をだましています。被害者と頻繁に連絡をとり、被害者に

「この人は自分に興味がある」
「自分との時間を大切にしているのではないか」

という気持ちにさせます。これは**単純接触効果（ザイオンス効果）**と呼ばれます。さらに、長期間にわたり連絡をとり続けることで親近感や信頼感を抱かせて、特別な存在として恋愛感情を引き起こすようにしむけます。

加えて、人間は他人から与えられた情報より、自分で得た情報を信じやすい傾向があります。長期間にわたりコミュニケーションをとっているうちに、被害者は自分で質問したり相手の背景などを考えたりして、自分自身で出した答えを疑わなくなります。今回の被害例でも、Bさんになりすました犯罪者は、Aさんの「助けになりたい」という申し出を一度断わることにより、Aさんが

「Bさんは誠実な人だ」

「お金を目的に自分とコミュニケーションをとっているわけではないんだ」

と考えるように仕向けています。一度このような思い込みが生まれると、後で

Aさんが「お金が目的ではないか」と考えたとしても、

「けれどBさんは誠実な人だ、お金が目的なら最初の申し出を断らないはずだ」

と**自分の考えを否定する材料となり、犯罪を疑えなくなってしまいます**。

長期間のコミュニケーションをとるのは犯罪者にとって手間に見えますが、前述のとおり**恋愛は強い感情であるため、繰り返し、高額な金額をだましとることが可能**です。事実、2024年度に警察庁から報告された資料では、恋愛感情に起因する詐欺被害の約48%が500万円以上の被害です※。このように、長期間のコミュニケーションには相応の大きなリターンがあるのです。

※ https://www.npa.go.jp/bureau/criminal/souni/sns-romance/sns-touroma2024.pdf

「仲間がいるから大丈夫」と思わせる

最近、やたらとまわりの友人が投資の話をしている。少しずつ投資に興味を持つようになり、自分も始めてみようかと思ってきたが、くわしいことは何もわかっていないし、本当に儲けられるのか不安もある。

そんなところに、ＳＮＳで投資に関する投稿を見つけた。

元本保証——投資で必ず儲かる方法をあなただけに教えます。気軽にご連絡ください。

必ず儲かるって、ホントかなあ。でも、まずは話を聞いてみて、難しそうならばやめればいいか。

軽い気持ちで投稿者に連絡をとったところ、すぐに返信がきた。

「ここで共有される情報を見て、アドバイスどおりにすれば、そんなに知識がなくても儲けられますよ」

そして、グループチャットに招待された。

グループチャットでは、いろいろな人が日々投資に関する情報交換をおこなっており、

「この銘柄が気になっているのですが、今後どうなりますか？」

「そもそも、株式と投資信託の違いは何ですか？」

などと、自分と同程度の知識の人が積極的に質問していた。自分も同じことが気になってたんだ、1人じゃなくてよかった。

そして、グループチャットにはアドバイザーのような人がいて、

「今、この銘柄は買いどきです！」

「急騰しているこの銘柄は今後も伸びます！」

などと頻繁に発言している。気になって調べてみると、実際にその銘柄はここ最近値上がりしているみたいだ。

投資なんて難しそうと思ってたけど、教えてくれる銘柄を買えばいいだけか！

かんたんだな。

ただ、やっぱり「失敗したらどうしよう」「損してしまうんじゃないか」という不安が拭えない。

すると、数時間後にメッセージが送られてきた。

「言われたとおりに投資したら、５００ドル利益が出ました！」

あ、この前おすすめの銘柄を聞いていた人だ！

その後も、同じように「実際に儲けられた」と報告する人がちらほら現れ、中には売却時のスクリーンショットを載せている人もいた。

どうやら本当に儲けられているみたいだ！　自分も言われたとおりにすれば儲けられるんじゃないか？

ついに覚悟を決め、アドバイザーに誘導されるがまま投資サイトにアクセスして登録をおこない、投資金を指定の口座に振り込んだ。

＊＊＊

それからしばらくして、投資金の変動を確認するために投資サイトにアクセスしたが、つながらない。不思議に思い、グループチャットでコメントしても、だれからも返事がこない。アドバイザーとも連絡が取れない。そこでようやく、自分がだまされたことに気づいた。

仲間がいると安心する

被害者は、最初「本当に儲けられるのか」「失敗したらどうしよう」などの不安な要素が多く、興味はあるもののなかなか一歩が踏み出せない状況でした。しかし、グループチャットに招待され、そこに自分と同じような人（実際はサクラ）がたくさんいると、「1人ではない」と安心します。さらに、グループチャットのやりとりから、仲間たちがアドバイスをしてくれる人の発言どおりに投資していると勘違いしてしまいます。

自分と同じ程度の知識を持った人＝仲間の存在を目の当たりにすると、**「1人で始めるのは不安だけど、同じような仲間がいるならやってみようかな」という心理になってしまう**のです。

成功した人を見ることで「自分も儲けられる」と信じてしまう

一緒に投資をする仲間がいるという安心感を覚えても、「本当に成功するのか」という不安は残ります。そこで犯罪者は、サクラたちが次々と投資に成功しているように見せかけます。その際に、本当に多くの利益があったように信じ込ませるため、売却時のスクリーンショットなどを偽造して送ります。

被害者は、投資を始めた仲間からの「成功してかなり儲けが出た」というメッセージを見たことで、だんだんと**「自分と同じような人が成功しているなら、自分も儲けられるのではないか」と思うようになってきます。**

一度信じたものを疑うのは難しい

被害者は、仲間が成功しているので「このアドバイザーの言うことは信じてまちがいない」と考えるようになってしまっています。一度思いこむと、その後、その考えを変えることはかんたんではありません。このように、自分が持っている考えは正しいと思いこみ、ほかの考えには目が向かなくなるような傾向は「確証バイアス」といわれます。

犯罪者としては、一度でも信じ込ませれば、わりとかんたんに資金の詐取まで実行できてしまう可能性が高まります。

本当だと一度証明して安心させる

最近SNSを通して仲よくなったA氏が、スマホの画面を見せながら投資に誘ってきた。

「これ見てよ！　じつは前から投資をしているんだけど、ここ3ヶ月ぐらいでかなりの利益を得ているんだ。君もやったほうがいいよ！　為替取引の情報を知っているからその内容を教えるし、今が始めどきだよ！」

最近、まわりでも投資をしている人がわりと増えた。興味がなかった自分ですらテレビやネットで見聞きするくらいだから、流行っているんだろう。

はじめは投資なんてよくわからないしめんどうくさそうだなと思っていたが、

まわりの影響もあって、徐々に「自分も投資を始めようかな」という気持ちが強くなった。A氏に相談すると

「まずはここにアクセスして、投資用のアプリをインストールして！」

と言われ、URLが送られてきた。

A氏に言われるがままURLをクリックして、アプリをインストールしたら、今度はこう言われた。

「今はこの銘柄が買いどきだよ。最初は不安だろうから、まず少額を投資して、儲けが出たら投資金を増やすといいかも！」

たしかに、はじめて投資をするのに、最初から大きな金額をつぎ込むのは不安だなと思っていたところだ。

指定された口座に5万円の投資金を振り込むと、アプリの画面に自分が投資した金額とその銘柄、そのほか世界各国の株価や為替といったマーケット情報が映し出された。

しばらくすると、アプリ上では「+5000」という表示が出た。

え、もう5000円も儲けてる⁉　こんなにすぐに儲けって出るの？

アプリの画面に表示されているだけ？　本当に利益が出ているのだろうか。

儲けが出たことはうれしいが、こんなにうまくいくものなのか。

不安になったため、A氏に相談してみると、

「本当に儲けているか不安なら、一度引き出してみたら？」

と言われた。実際にお金を引き出せるのか確認すると、本当に自分の銀行口座

に入金された。

よかった、本当に儲けることができてた！

安心したら欲が出てきた。さらなる儲けを期待して投資金を送金すると、また利益が出たと画面に表示された。

味をしめてどんどん投資金を送金し、アプリ上で増加していく資金を見て高揚感を覚えるようになっていた。

＊＊＊

しばらくして、再度利益を引き出そうとすると、今度は手数料を求められた。あれ、いままで手数料なんていらなかったけど、金額が大きいから必要なのか？

少し不審に思いながらも支払ったが、自分の銀行口座には入金されなかった。不思議に思い、何度もA氏に連絡をしたが、一度もつながらなかった。

用意したアプリで、儲けが出ているように見せかける

犯罪者は、自身でスマートフォンアプリを作成したり、別の犯罪グループに作成を依頼して、投資用アプリを用意します。アプリは、一度作成または購入してしまえばその後は流用することができるため、**犯罪者は手間やコストが多少かかってもしっかりと準備をしたうえで詐欺を仕掛けます。**

効率的に犯行におよぶために、犯罪集団のなかで次のように役割分担がされていることもあります。

- アプリ作成を担当するグループ
- 実際に被害者と接触するグループ
- だましとった資金を引き出すグループ

準備した投資用アプリに表示する数字を裏でいじることは難しくありません。

被害者が指定された口座に入金すると、犯罪者はそれを確認して、アプリ側にも反映し、儲けが出ているように見せかけます。

まちがいなく投資ができていると思わせるために、資金を一度引き出させる

被害者が投資で得た利益を引き出そうとした場合、犯罪者は引き出し金額を確認して、実際にその金額分を被害者の口座に直接振り込みます。

犯罪者にとっては、アプリに表示している数字をいじるだけに比べて手間がかかることになりますが、**被害者が実際にお金が動くところを目にする効果は非常に大きい**です。特に、被害例のように、最初は本当に利益が出ているのか、アプリの画面を見ただけでは疑問を抱く被害者には効果的です。

資金が引き出せることを確認した被害者は、「この投資にはなにも問題はない」と安堵します。場合によっては、「もっと投資すればさらなる利益が期待できるのではないか」と考えるようになります。犯罪者からすれば、より多くの資金をだましとることができる可能性が高まるわけです。

手間がかかる分、リターンも増える

被害者は、一度儲けが出ていることを確認すると、味をしめ、どんどん送金してしまいます。最悪の場合、自身の資産が底をつくほど送金してしまうこともあります。

犯罪者は、コストおよびリスクが小さく、リターンが大きい方法を狙う傾向があります。**投資詐欺は、ほかの詐欺に比べても1件あたりの被害額が大きい**傾向があり、多少コストが大きくてもリターンが大幅に上回る、犯罪者側にとってのうまみが大きい犯罪といえます。

「なりすましじゃありません」という音声で本人と信じ込ませる

ネットを見ていると、有名な経済学者で、最近テレビやネット動画でもよく見かけるA氏の「無料投資教室」という広告を見つけた。

A氏は投資教室もやっているのか。投資には以前から興味があったけれども、難しそうなので避けていたが、A氏から教えてもらえるのであれば安心できそうだ。

広告をクリックし、案内に従って進めていくと、チャットアプリでA氏のアカウントを友だち登録できた。まずは投資教室について聞くためにチャットを送った。

「広告を見て登録しました」

すると、すぐに返信があった。

「はじめまして、Aです。登録ありがとうございます。投資に関して何を知りたいですか？」

投資については何もわからないことを伝えると、グループチャットを紹介された。グループチャットには、たくさんのアカウントが参加している。どうやら、普段A氏はここに投資に関するくわしい情報を投稿していて、自分と同じように投資を学びたい人たちが見ているようだ。

しばらくグループチャットの投稿を見ていると、チャット欄に音声メッセージが投稿された。

え、チャットではなく、音声メッセージ？　突然のことで少し驚いたが、とりあえず再生してみると、聞き覚えのある声でメッセージが流れ出した。

「みなさん、こんにちは。新しい方がたくさん参加されていますね。このグループチャットでは、みなさんに投資スキルを身につけていただくためのアドバイスをしています。何かわからないことがあれば言ってください」

まさにテレビやネットの動画で聞いたことがあるA氏本人の声だ！

しばらくすると、再び音声メッセージが投稿された。

「最近、多くの人が私になりすまして、投資の詐欺をおこなっているようです。なので、私が本人だということを証明する必要があると思いました。この声が、私が本人だという証拠です。同じ名前の人で、この音声メッセージを送ってこない人は、信用しないでください」

そうか、A氏のなりすまし詐欺が起きているから、音声メッセージで本人だとわかるようにしているのか。少し怪しいと思っていたが安心した。

＊＊＊

1週間ほど経過して、投資をおこなうために○○証券の口座を開設するように案内された。今までA氏が投稿していた投資情報を見るだけだったが、ようやくスタートだ。案内に従って、口座の開設手続きをおこなった。

しばらくして、海外のXX株へ投資することを勧められた。どうやら、かなりの利益が出ているようで、損は出にくいだろう。

「投資してみようと思いますが、どうしたらいいですか」

「今からお伝えする口座に投資金を振り込んでください」

あれ、証券口座を開設したけど、銀行口座に振り込む必要があるの？

「証券会社の口座ではないですが、大丈夫でしょうか」

「はい、大丈夫です。この口座は、〇〇証券の日本の会員が外国株の投資に使用しているものです。日本の資金を集約している口座ですので、ご安心ください」

へぇ、知らなかったけれど、そういう仕組みがあるのか。てっきり、海外の株でも証券口座に入金して手続きするものだと想像していた。……まあ、A氏が言っているのであればまちがいないだろう。

チャットに記載された銀行口座宛に、投資金を振り込んだ。

声質は聞き分けられない

被害者は、もともとA氏をテレビやインターネットの動画で知っていました。

そして、チャットでのやりとりだけでなく、A氏のものという声を聞いたことで、被害者がもともと持っていたA氏のイメージとひもづいて、本人だと思い込んでいます。

この音声メッセージは犯罪者によって作られたもので、Aさん本人が話したものではありません。それにもかかわらず被害者が本人だと思い込んでしまったのは、音声が精巧に作られていて、本人と見分けがつかないからです。注意して聞くと一部のアクセントやニュアンスに違いを見つけられたり、機械でくわしく分析すれば作られた音声だとわかったりするかもしれません。しかし、人間の耳で聞き分けることは難しいでしょう。普段の会話で思わず言ってしまう「えー」「あの」などのつなぎ言葉（フィラー）を音声メッセージに入れ込むことで、まるで本人が言葉を吹き込んでいるかのように作られているケースもあります。

「そんな精巧な音声を作るのは難しいのではないか？」

そう思うかもしれません。しかし、最近は技術が進化したことで、**AIに声を学習させて作成できるようになっています**。たとえば、ChatGPTで有名なOpenAI社の「Voice Engine」は、テキストの入力と15秒の音声サンプルデータがあれば、人の声に似た音声データを生成できると言われています。他社でも、数秒の音声サンプルデータで生成できると言われるものが出てきています。

このような中、特にA氏のような著名人の情報は、出演しているテレビ番組やインターネットの動画から情報を集めることができるので、偽の音声はかんたんに作れてしまうでしょう。

「そうかもしれない」と思わせる理由を提示する

2つめの音声メッセージは、「最近A氏になりすました詐欺が起きているので、自分が本人だと証明するために音声メッセージを投稿している」という内容でした。よく考えると、**音声メッセージだけでは相手が本人かどうか判別する情報になりえません**。しかし、そうかもしれないと思える話によって、被害者はつい納得してしまっているのです。特に、本人だと思いこみ、高揚感を覚えて信用する気持ちになっていれば、相手への疑惑はさらに薄くなるでしょう。

「まちがいないだろう」という思い込みを利用して誘導する

被害者は指定された銀行口座に投資金を振り込んでいますが、振込先は証券会社とはまったく関係のない、犯罪者の口座です。本来であれば自分の証券口座に投資金を入金するところ、犯罪者は投資金をだまし取るために、そうかもしれないと思える説明で、犯罪者の口座へ振り込ませようとします。

説明を受けた被害者は、それまでのやりとりで相手をA氏だと思い込んでいるので、「A氏が言っているならまちがいないだろう」と**相手が言っていることを完全に理解・納得できていなくても信じて振り込んでしまう**のです。

なりすました人物の動画で信じ込ませる

ＳＮＳを見ていると、こんな広告が出てきた。

忙しい人も今すぐ始めないといけない！　低金利の中で投資を始める理由と稼ぐコツとは？

そこには起業家でさまざまな買収も手がけたことのある有名なＢ氏の顔が大きく載っている。最近いろんなメディアに登場し、本も出しているが、そういえばこの前、株式投資についても何か話していた。

どんなことを言っているのだろうと思って広告をクリックすると、Ｂ氏の大きな画像とともに、無料投資セミナーのサイトが表示された。

SNSを追加　今すぐ無料で参加してください

そう書かれたボタンをあやしく思いながらも押すと、B氏のSNSアカウントが表示された。友だち申請を送ってみると、しばらくしてチャットに返信が。B氏からだ。

こんな著名人がチャットを送ってくれるなんて！　うれしくなってすぐに返信した。

「友だち申請の承認ありがとうございます。これからもよろしくお願いします」

するとB氏から、すぐに「はじめまして」という挨拶とともに、オープンチャットへの誘いが書かれていた。どうやら大勢の人から投資の質問がくるので、オープンチャットを立ち上げて、そこでノウハウをいろいろ教えているらしい。

オープンチャットに入ると、株価についての考察や予想などがやりとりされている。B氏の発言を追ってみる。

「今は円安が続いているので、株価はこれからも上がりそう」

「今買うならこの銘柄がおすすめ」

くわしくはわからないが、勉強になりそうなことを言っている。

しばらくすると、B氏からメッセージが来た。

「オープンチャットの参加者はみんな儲けていますよ。あなたも始めてみてはどうですか？」

投資のことはまだよくわからないけれども、B氏に教えてもらえるのならうまくいきそうだ。

でも、不安がよぎる。B氏はテレビにもよく出演しているし、こんなに忙しい人が自分なんかを相手にしてくれるのかな。気になったので聞いてみることにした。

「失礼ですが、本当にBさんですか？　忙しいはずなのにこんな対応をしていただけるなんて」

さっそくB氏から返信がきたが、その内容には正直驚いた。

「ひょっとして、本人ではないと思っていませんか？　それなら、ビデオ通話で話しませんか？」

え、本人と話ができるの？

緊張しつつも「はい」と返信すると、すぐにビデオ通話が始まった。

画面に映っているのは、テレビや動画でも見ている、いつものB氏の顔だ。

「はじめまして、Bです。聞こえますか？」

声も、いつも聞いているものだ。

こちらからも話しかけてみる。ところが、声をかけても「聞こえますか？」の繰り返しばかり。そのうちビデオ通話が終了してしまった。

おかしいなと思っていると、B氏からメッセージが。

「今日はオフで自宅にいますが、室内だと回線が不安定なようです。一瞬だけでも私の姿は見えましたか？ この後はチャットでやりとりしましょう」

たしかに、会社でビデオ会議をしているときも、こんなふうにうまく会話できないことがあるしな。

チャットを続けると、おすすめの銘柄を聞くことができた。

「今が買い時です。投資するなら、これから指定する口座に入金してください」

B氏にそう言われ、すぐに投資金を振り込んだ。

著名人と直接会話することで、舞い上がって不安がなくなってしまう

犯罪者は、著名人本人が直接チャットに誘い、ビデオ通話に登場するという被害者が想像しなかった動きをすることで、被害者の疑いをなくすことに成功しています。

直接会話できるとは考えていなかった著名人とSNSのアカウントでつながれると、一気に舞い上がってしまいます。チャットでやりとりをしているうちに「本

当に本人なのか？」と不安になっても、今度はビデオ通話で本人が出てきたのでさらに舞い上がり、**「自分は著名人が開いている特別なオープンチャットに参加しているのだ」と勘違い**してしまいます。

偽ビデオ通話をディープフェイクで合成する

実際に会話しているのは犯罪者ですが、ビデオ通話に映っているのは著名人の顔です。これは**「ディープフェイク」**と呼ばれる、ＡＩを使って人物の動画や音声を人工的に合成する技術です。本来ならば犯罪者の顔が映るところに、著名人の顔を合成することができます。

実際の偽ビデオ通話の手口はこのような流れです。

①犯罪者は、被害者とビデオ通話する際にスマートフォンを2台用意する。
②1台は犯罪者の顔を撮影しながら、顔交換アプリで著名人の顔に変換する。
③もう1台は通話アプリを使い、先ほどのスマートフォンに表示された著名人の

顔を映しながら被害者と会話する。

これで被害者の画面には著名人の顔が映り、本物だと信じこんでしまいます。ただし、ディープフェイクを使っても、顔の輪郭があいまいであったり、動きがぎごちないといった不自然さが残ることがめずらしくありません。そこで、犯罪者はばれないようビデオ通話を短時間で打ち切ります。短時間であっても、被害者にとっては本人からビデオ通話がくること予想していなかったため驚きが大きく、それほど怪しまれたりはしません（くわしいケースは、第1章の『なりすましで本人だと思わせる』を参照してください）。

多少の不自然さも、経験則や直感で自分の都合のいいように解釈する

通常ならば、ビデオ通話がうまくつながらないまま短時間で終わってしまったら、怪しいと思うかもしれません。しかし、「今日はオフで自宅にいますが室内だと回線が不安定なようです」という説明を、被害者は過去の経験に基づいてか

んたんに信じ込んでいます。このように、経験則や直感に基づいて判断することを、心理学では**「ヒューリスティック」**と呼びます。

ヒューリスティックは、すばやく判断するのに役立つこともありますが、正しく判断できない場合があるという欠点があります。「自宅の室内だとビデオ通話がつながらない」というのはだれしも経験するようなことなので、つい納得してしまっているのです。

第 4 章

考えられない状況に陥れる

「使えなくなる」不都合で焦らせる

【重要】◎◎銀行における一時的なご利用制限のお知らせ

朝、起床してスマホをチェックすると、こんなＳＭＳ（ショートメッセージサービス）が送られてきていた。◎◎銀行は、給与振り込みに利用しているメインバンクだが、いったい何が起きたのか？

慌てて続きを確認した。

お客さまの◎◎銀行口座に第三者から不正なアクセスを検知しましたので、口座の利用を制限させていただきました。

ご本人さまの確認後、制限を解除することができます。こちらから、確認を行ってください。

https://●●●●

不正なアクセスを検知？　そういえば、最近クレジットカードでも不正利用を防ぐために利用制限したり、追加で確認が求められるケースもあるらしいな。銀行も同じようにチェックしてるんだろうか。

今日振り込みしないといけないのに困るなぁ。出勤まであと30分しかないけど、今のうちにやっておこう。

URLをクリックすると、いつもの◎◎銀行のカラーの画面が出てくる。ログインするよう案内があり、店番、口座番号、暗証番号を入力。次の画面で、ワンタイムパスワードを入力するように求められた。

◎◎銀行のワンタイムパスワードは専用のアプリで発行され、それをログイン画面に手で入力する必要がある。いつものようにアプリを開いてワンタイムパスワードを確認し、◎◎銀行の画面に戻って入力した。無事受け付けられたようだ。

これで大丈夫だな。振り込みは昼休みにしよう。

＊＊＊

しばらくすると、◎◎銀行から「振込受付終了」のメールが届いた。

おかしいな、まだ振り込みはしていないのに？

スマートフォンで口座を確認すると、自分の口座の預金が知らない口座に振り込まれていた。

実際におこなわれている利用制限を装う

銀行は、顧客の口座がなりすましなどにより不正に利用されていないか、取引内容をモニタリングしています。必要に応じ、本人の利用であること、正しい取引であることが確認できるまで、利用を制限することがあります。

犯罪者は、実際にありうる利用制限を装い、利用者に「早く制限を解除しないといけない」と思わせるように仕掛けています。

利用している口座が使えなくなると通知し、慌てさせる

普段使いしている口座が急に使えなくなると、日常生活にも大きな影響が出ます。特にすぐに振り込みをしなければならない場合などは、「早く制限を解除しなければ」と慌ててしまいます。

さらに、早朝などに通知がきた場合、出勤前の限られた時間で対応しなければと冷静さを失い、急いで対応することに意識が向かってしまいます。

携帯電話にSMSで偽のメッセージを送る

犯罪者は、携帯電話のメッセージ機能であるSMSを使って、銀行を装った

メッセージを送っています。このようなSMSを使った方法は、**「スミッシング」**とも呼ばれています。

詐欺メッセージはメールで送られてくる印象があるかもしれませんが、最近ではSMSを用いたものも多く確認されています。SMSで送られてくる詐欺メッセージは、被害例のように数行の短い文章のケースが多く見られます。

SMSは、相手の電話番号を宛先に設定することでメッセージを送ることができます。言い換えると、**電話番号さえ合っていれば相手にメッセージが送れてしまう**のです。

犯罪者は、1人でも多くの人をだますために、たくさんの詐欺メッセージをばらまきたいと考えます。携帯電話番号は11桁の数字で、「090」や「080」などから始まると決まっています。このため、総当たり的に、1つずつ宛先の番号を変えて送信することもでき、英数字を組み合わせたメールアドレスと比べると、実際に使われている番号に当たりやすいと言えます。

ワンタイムパスワードも安全ではない

　ワンタイムパスワードは、数十秒から数分間といった一定の短時間で1回限り有効な使い捨てパスワードです。一度使ったパスワードは犯罪者に知られても使えず、使っていないパスワードは短時間で無効になるので、常時有効な固定のパスワードよりも安全性が高いと考えられています。しかしながら、詐欺サイトへ誘導されてしまうと、**ワンタイムパスワードの安全性が無意味になってしまう**のです。

「盗まれている」で焦らせる

自宅の電話が鳴り、受話器を取った。

「私、A警察署のBと申します。○○様ですか？」

警察から電話って、何かあったのかしら？

不安に思いながら用件を尋ねた。

「現在、特殊詐欺グループの捜査をしているのですが、あなたの口座が詐欺グループに盗まれ、不正利用されていることがわかりました」

「えっ、本当ですか？」

「ただ、保護申請をおこなえば大丈夫なので、ご安心ください」

「保護申請って何ですか？」

「保護申請の手続きは警察でおこないます。ただ、そのためにはキャッシュカードを確認させていただく必要があります。手続きは急いだほうがいいので、今から近くを巡回中の警察官をご自宅に向かわせます。キャッシュカードと暗証番号を書いたメモを用意してください」

「わかりました。用意しておきます」そう応えて電話を切った。


どうなるかと思ったけど、警察が手続きしてくれるなら安心だわ。

不安が和らいでいくのを感じながら、電話で言われたとおり、キャッシュカードを引き出しから取り出し、さらに暗証番号をメモした。

＊＊＊

しばらくして、チャイムが鳴り、玄関を開けた。

「A警察署のCと申します。先ほどBよりお電話差し上げましたとおり、○○様の口座の保護申請をおこなうため、キャッシュカードの確認に伺いました。キャッシュカードとメモはご用意できていますか？」

「はい、用意できています」

「では、確認のためいったんお預かりします」

警察官Cは、キャッシュカードと暗証番号を書いたメモを確認し、カバンから封筒を取り出すと、それらを封筒の中へ入れて両面テープで閉じた。

「最後に、○○様の印鑑で封印する必要があります。印鑑はお手元にお持ちですか？」

「用意していなかったわ。ちょっと待ってくださいね」

そう言って部屋に印鑑を取りに戻り、取ってきた印鑑を警察官に手渡した。

警察官Cは、封筒の閉じ目に印鑑を押した。

「確認が完了しましたので、封筒と印鑑をお返しします。

これから警察署に戻ってすぐに保護申請の手続きをおこないます。手続きが終わりましたらご連絡しますので、それまでは絶対に開封せずに、安全な場所で保管しておいてください」

「わかりました。手続きよろしくお願いしますね」

＊＊＊

「これで口座を守ることができたわ」

ホッとしながら、警察官を見送って、その封筒を引き出しの奥に入れた。

警察官や金融機関の職員などを装った犯罪者が「あなたの口座が不正に利用されている」などと電話をかけ、最終的には偽のカードが入った封筒とすり替えるなどしてキャッシュカードや暗証番号を盗む手口を**「キャッシュカード詐欺盗」**といいます。

このような手口は、電話をかける役、訪問する役など、役割を決めて詐欺をおこなっています。この事例では、印鑑を取りに玄関を離れた隙に、偽のカードが入った封筒にすり替えられています。

犯罪に加担してしまっている可能性で一気に焦りや不安が広がる

「口座が盗まれて不正利用されている」

そう告げられれば、「預けていたお金がなくなっていたらどうしよう」といっ

た今後の生活に関する焦りや不安に加え、

「自分も犯罪に加担していると警察から疑いをかけられてしまうのではないか」

「警察沙汰になっていることがご近所に知られたらどうしよう」

など、**お金を失うだけではすまない被害が頭を駆け巡り、焦りや不安が増幅してしまう**でしょう。

すぐに解決策を提示されることで、疑う余地がなくなる

身に降りかかった悪い出来事、それによって生じる不安や焦りは、すぐにでも解決したいものです。犯罪者はそれを見込んで次の手を打ってきます。この事例では、「保護申請をおこなえば大丈夫」と解決方法を伝えています。

被害者は、解決方法を聞いてホッとした気持ちが優先し、冷静であれば「おかしいのでは」と思える内容でも、疑う余地を失くしてしまっています。

ちなみに、この事例では、犯罪者は被害者に「保護申請」について特段内容を説明していません。犯罪者は被害者をだませると思ったならば、**それ以上のことを話すと墓穴を掘る可能性もある**ためです。

仮に被害者が説明を求めたとしても、

「口座にあるお金を詐欺グループから守るための手続きです」

「盗まれたお金が全額補償されるための手続きです」

などと、言葉巧みに説明することでしょう。そもそも、「口座が詐欺グループに不正利用されている」こと自体が嘘なのですから。

「警察官」と名乗られ、すべてを信じ込んでしまう

「信頼できる（お堅い）職業は？」

そう聞かれると、警察官や銀行員、役所の職員などが思い浮かぶ方も多いのではないでしょうか。この事例では、電話や訪問において「警察官」と名乗られたことで、すっかり相手を警察官だと信じてしまっています。

このように、**公的機関（警察、役所など）の職員や、銀行員を名乗って被害者を信用させてだます**手口は、第3章「話術と仕掛けで信用させる」もあわせて確認してください。

・実在する役所の部署を装う（役所の職員）
・個人情報を使って話すことで信じさせる（役所の職員）
・「そうかもしれない」と思わせる理由をつける（銀行員）
・「後ほど担当よりご連絡します」とリアルなやりとりをみせる（警察官、銀行協会の職員）

コラム

キャッシュカード詐欺盗の被害者は高齢の女性が多い

この手口の被害者は、高齢者の女性が多いです。

キャッシュカード詐欺盗の認知件数に占める高齢者（65歳以上）の割合は99・2％です。そして、うち男性が14・0％、うち女性が85・2％となっています※。

理由として考えられるのは、高齢夫婦の世帯でも、昼間は女性1人で家にいることが多いということです。また、万が一詐欺がばれてしまった場合（もしくはばれそうになった場合）でも、取り押さえられないように（逃げられるように）、犯罪者より体力が劣っているであろう高齢女性が1人でいる世帯を事前に調べて狙っている可能性もあります。

※〈出所〉令和5年における特殊詐欺の認知・検挙状況等について（確定値版）【警察庁】

「捕まる」で不安にさせる

ある日、自宅のポストに封書が届いた。

封筒の中には、自分の名前と、「【逮捕状】罪状：電子計算機使用詐欺罪」と記載があった。

電子計算機使用詐欺罪とはなんだろう？

電子計算機？　パソコンを使ったこともなく、心当たりがない。

何かのまちがいではないか。

＊＊＊

それから数日後、自宅に電話があった。

「警察の者です。あなたの銀行口座に犯罪で使用されたお金が含まれており、こちらで預かる必要があります。あなたの個人情報の一部が抜かれていて悪用されているのかもしれません」

この人は何を言っているのだろう？　思い当たることは何もないけど……

「数日前に、封書で逮捕状を受け取っていますよね。今回は、逮捕に向けての手順として、電話で罪状を伝えている次第です」

封書を見ると、たしかに自宅の住所、名前、電話番号、すべて合っている。知らない間に犯罪に巻き込まれたのか？

「あなたの銀行口座で今回疑いがある金額は20万円です。預金移動のため、本日中に指定した銀行口座に振り込んでいただく必要があります。万が一遅れた場合、明日には逮捕状に従って逮捕を執行します」

指示どおり、すぐに、指定口座に振り込みを実施した。

「逮捕状」という印字で本物だと思い込ませる

封書で逮捕状を送付されることは、制度上ありません。また、逮捕される前に電話で逮捕を告げられることもありません。しかし、封書に逮捕状の書類を同封することで、**正式な書類のように思い込ませます**。封書の中の書類に、罪状として「電子計算機使用詐欺罪」と記載してあることも、本物らしさをいっそう強調することになります。

電話でさらに逮捕の不安を煽る

今回のケースでは、被害者が逮捕状の郵便物を受領した後、犯罪者は警察官を名乗って被害者の自宅に電話し、事務的な口調で逮捕状を郵送したことを説明しています。逮捕状を郵送した事実と、自宅電話番号を知っていることにより、**「本物の警察でないとできないこと」と思いこませ**、逮捕されることの現実味が増すようにしています。

猶予を与えず、冷静な判断ができないようにする

逮捕を逃れるための振込期限を本日としているのもポイントです。**考える猶予を与えず**、冷静な判断、ほかの選択肢（だれかに相談するなど）の検討ができないようにしているのです。

警告画面で焦燥感を煽る

パソコンでニュースサイトを見ていたところ、「希少なコーヒー豆を販売中」という広告を見つけた。最近は自分でコーヒー豆を焙煎して飲んでいるが、いろいろなコーヒー豆を味わってみたいと思っていたところだ。新しいコーヒー豆に出会えるかもしれない。

期待して、広告をクリックしてみた。すると、ブラウザの画面にはコーヒー豆の情報は表示されず、代わりに

というメッセージと、「許可」「ブロック」を選択するポップアップが表示された。

これを許可すれば見られるようになるのかな？

許可のボタンをクリックしたものの、何も変化は起きなかった。おかしいなと思っていると、パソコンの右下に「ウイルス検出」の通知が表示された。

え、ウイルス？　驚いて通知をクリックすると、画面全体に「ウイルス感染」の警告が表示された。

なんだよ、これ！　どうしよう……

いろいろ操作してみたが、キーボード入力を含めて何も反応しなくなってしまった。

やばい、どうしよう。電源を切るか？

電源を切ろうとパソコンの電源ボタンを長押しする直前、画面下部の「サポートの問い合わせ先」という表示が目に入った。いつも見ているマイクロソフトのロゴと、電話番号が表示されている。マイクロソフトのサポートなら、もしかしたらなんとかしてくれるかもしれない。

急いで電話をかけると、すぐにつながった。

「こちらはマイクロソフトサポート窓口です。どのようなお困りごとでしょうか？」

「いきなり、ウイルスに感染しているという画面が出てきて、困っているのですが……」

「ウイルスの除去が必要ですね。対応費用は3万円になります。入金を確認した後、遠隔サポートでウイルスを取り除きます」

3万円もするのか！　もったいないけど、仕方ない……。

すぐに指定された銀行口座に入金した。

正常なサイトに不正な広告を掲載する

被害者がニュースサイトでコーヒー豆の広告だと思ってアクセスしたのは、犯罪者が用意した広告です。このような不正な広告は、怪しいサイトでなくても掲載されていることがあります。一般的に、広告を掲載する際には、サイトの運営者や広告の配信事業者の審査がありますが、**犯罪者が身元を偽造したり、正常な広告を見せた後で不正な広告に差しかえたりして、審査をすり抜けてしまう**ケースがあるのです。

広告は、ブラウザでインターネットを見ていなくても勝手に表示されることがあります。これは、広告を表示するプログラム**「アドウェア」**によっておこなわれている場合があります。アドウェアは基本的に広告を表示するだけですが、中には不正な広告を表示したり、勝手に情報を盗んだりするものもあります。アドウェアは、試用版ソフトや無料ソフトを利用する際に、一緒にインストールさせられることもあります。

ウイルスを検知した通知と警告画面で動揺させる

広告をクリックすると、犯罪者のサイトにつながります。犯罪者のサイトには、ブラウザの通知機能を使った仕掛けがあります。この機能は**Webプッシュ通知**と呼ばれているもので、サイトにアクセスした相手のパソコンやスマートフォンの画面に自由な内容の通知を送れます。

しかし、一般的なブラウザの設定では、通知を出す前に確認するようになっています。被害者が広告をクリックした後に、通知の表示の許可もしくはブロックを選択するポップアップが表示されたのはこのためです。**これを許可してしまうと、犯罪者が被害者のパソコンに通知を表示できるようになってしまいます。**そして、犯罪者はあたかもパソコンのセキュリティソフトがウイルス感染を検知したように見せかけた偽の通知を表示します。

なお、被害例では実際はウイルスに感染していませんが、広告をクリックすると本当にウイルスに感染する場合もあります。これは**「マルバタイジング」**と呼ばれています。

消えない画面で焦らせる

警告画面は画面全体に表示され、本来表示されるマウスポインターが見えなくなります。通常のキー入力をしても、画面上に表示されません。ブラウザの「閉じる」ボタンも、隠されて表示されません。このように、犯罪者は**被害者が画面をかんたんには消せないようにして、さらに焦らせます**。

解決策をぶら下げてお金を出させる

画面が消えず、「やばい」「どうしよう」と焦って困っている被害者に、犯罪者は解決策としてサポートの問い合わせ先を見せます。電話の相手は犯罪者です。

自分ではどうにもならないと電話をかけてしまった被害者は、**「仕方ない」と思ってお金を支払ってしまう**のです。

終章

だまされる可能性を下げるには

パソコンやスマートフォンの通知をオフにする

焦ったり疲れていたりするときにメッセージを見てはいけない

パソコンやスマートフォンは、特に設定を変更していない場合、メッセージを受信したタイミングで通知されるようになっています。しかし、用事があって時間がないときや、焦っていたり疲れていたりしているときにメッセージを見てしまうと、いつもどおりに落ち着いて確認することは難しいでしょう。判断を誤って、だまされてしまうかもしれません。

通知の設定をオフにしておくようにすれば、メッセージを見るのは自分が見たいと思っている、比較的余裕のあるときに絞られます。

「通知の許可を求めています」に注意

サイトを見ていたりアプリをインストールしたりすると、「通知の許可を求めています」といった表示が出てくることもあります。これを許可すると、そのサイトやアプリから通知されるようになります。しかし、詐欺の手口でもこれを利用するケースがあります。必要なもの以外は許可をしないようにすべきでしょう。

緊急時の連絡方法を話し合って決めておく

通知の設定をオフにすると、大事な情報を見逃してしまう可能性があります。緊急の連絡を受ける可能性がある相手とは、**事前に緊急時の連絡方法を話し合って決めておく**といいでしょう。

メッセージはまず疑う

受け取ったメッセージは信用しない

世の中のサービスは、メールやＳＭＳ（ショートメッセージサービス）、アプリ、郵便物、チラシなど多種多様な媒体を通じて、利用者にメッセージを送っています。メッセージから有益な情報を得られる可能性がありますが、犯罪者も実在するサービスになりすまして詐欺のメッセージを送ってきます。メッセージを確認する際は、**「なりすましかもしれない」と考えて、すぐに信用しないようにする**姿勢が必要です。

日頃から意識する

「なりすましのメッセージなんてかんたんに見分けられる」

そう思われるかもしれません。たしかに、ひと昔前は、メッセージが変な日本語であったり、差出人が全然違うことがすぐにわかったりと、注意すれば違和感に気づける場合もありました。しかし、最近では本物のメッセージを流用したり、差出人名をサービス名にしたりするので、見分けることは困難と言っても過言ではないでしょう（くわしいケースは第1章の「銀行からの手紙と同じ文章を使う」を参照してください）。

また、最近ニュースなどでフィッシング詐欺（巻頭付録を参照）について大きく取り上げられており、メールやSMSでメッセージが送られてくるというイメージが強いかもしれませんが、**郵便物やチラシなどの媒体でも詐欺のメッセージが送られてくる可能性はあります**（くわしいケースは、第2章の「『お得なチラシ』と思わせる」を参照してください）。

本物と区別がつかない詐欺メッセージは、いつ、どこから送られてくるかわかりません。日頃から意識する必要があります。

確認しなければいけないメッセージは慎重に見る

メッセージは疑って基本無視するといっても、すべてのメッセージを無視することはできません。どうしても見ないといけないメッセージは慎重に確認する必要があります（具体的な方法は、本章の「オフィシャル情報を確認する」や「リンクにアクセスする際は事前にチェックする」を参照してください）。

常になりすましを疑って落ち着いて判断するためには、**普段から見るべきメッセージを絞っておく**ことが有効でしょう。

オフィシャル情報を確認する

メールやSMSの本文に書かれているメッセージとURLを見比べてみる

詐欺メールやSMSの本文には、詐欺サイトに誘導するURLが埋め込まれています。

詐欺メールやSMSを見分ける手段の1つとして「**本文に書かれているメッセージやサービスの内容（いわゆるオフィシャル情報）とURLを見比べてみる**」という方法があります。

筆者が実際に受け取った詐欺メールを例として解説します。運輸会社をかたるもので、荷物を届けに来たが不在だったので再配達の依頼をうながすという内容となっています。

詐欺メール

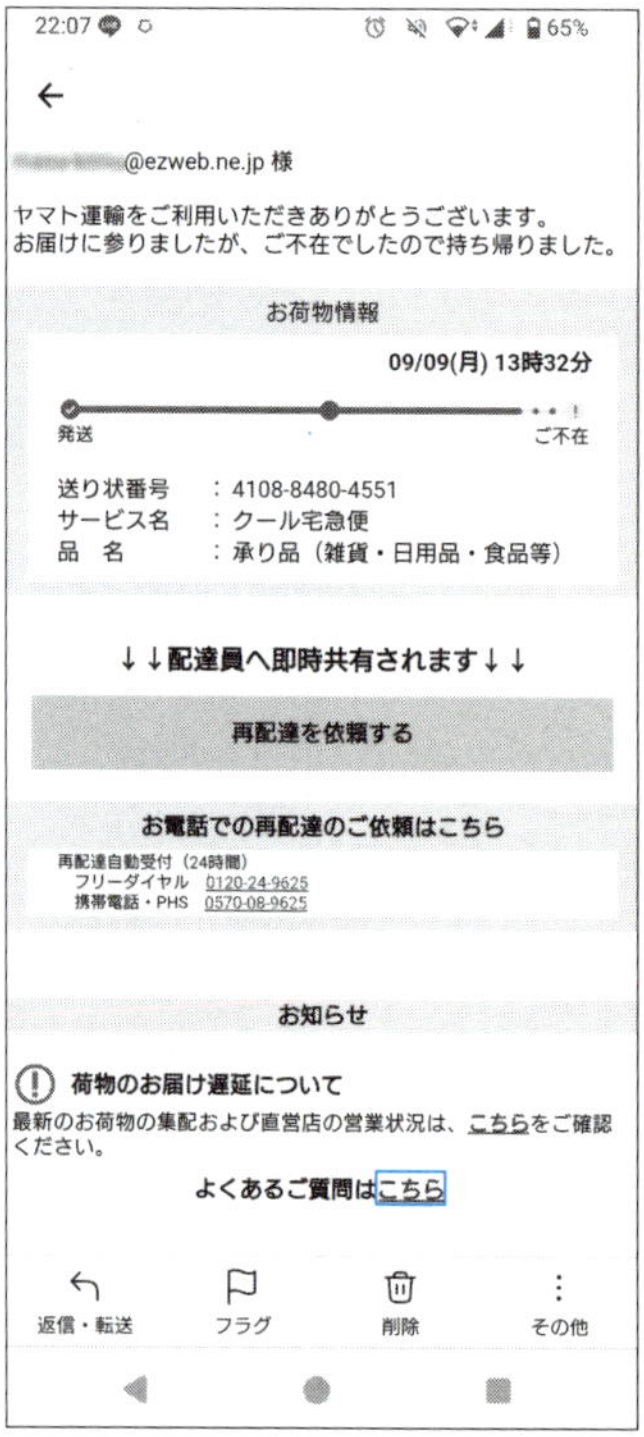
22:07
65%
@ezweb.ne.jp 様
ヤマト運輸をご利用いただきありがとうございます。
お届けに参りましたが、ご不在でしたので持ち帰りました。
お荷物情報
09/09(月) 13時32分
発送
ご不在
送り状番号 ：4108-8480-4551
サービス名 ：クール宅急便
品　名 ：承り品（雑貨・日用品・食品等）
↓↓配達員へ即時共有されます↓↓
再配達を依頼する
お電話での再配達のご依頼はこちら
再配達自動受付（24時間）
フリーダイヤル 0120-24-9625
携帯電話・PHS 0570-08-9625
お知らせ
荷物のお届け遅延について
最新のお荷物の集配および直営店の営業状況は、こちらをご確認ください。
よくあるご質問はこちら
返信・転送
フラグ
削除
その他

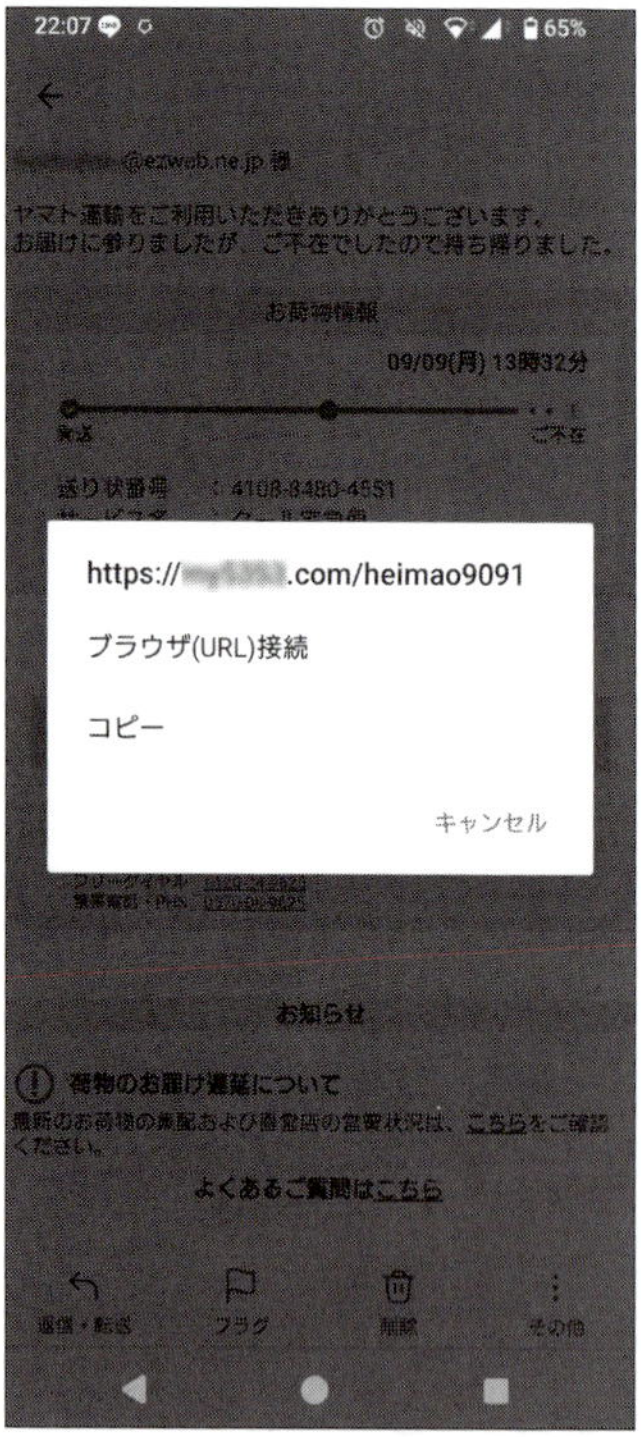
22:07
65%
https://.com/heimao9091
ブラウザ(URL)接続
コピー
キャンセル

メッセージの中には「こちらへ」と書かれた部分がありますが、ここにURLが埋め込まれています。これを押すと、実際のURLが表示されます。一部の文字を伏せていますが、ぱっと見た感じでも運輸会社とは関係なさそうな名前のURLになっているので、これで詐欺メールだと気づくことができます。実際に「ブラウザ（URL）接続」を押すと、詐欺サイトに飛ばされました。

これだけで完全に見分けることができない点に注意

ただし、これはあくまで手段の1つであって、これだけで詐欺メールやSMSを完全に見分けることができるというものではありません。

たとえば、犯罪者が先ほどの詐欺サイトのURLを、あたかも運輸会社の名前に見えるようにしていた場合はどうでしょうか。おそらく、気づかずに詐欺サイトへ誘導されることになります。

例として記載した運輸会社に加え、銀行やショッピングサイトなどメール・SMSを送ってくる企業は数多くありますが、**どのようなタイミングで、どのよう**

な内容のメール・SMSを送ってくるかを事前に知っておくことも重要です。

この運輸会社のメールのケースでは、

・自分がインターネットショッピングなどで商品を購入した
・購入した商品を運輸会社が届けたが、不在だったので持ち帰った

という場合にメールが送られてきます。したがって、自分がこの時期に商品を購入していなかったりすると、ありえない内容だということで、このメールが怪しいものだと気づくことができます。

このように、サービス内容といったオフィシャルな情報をもとにメールが送られてくるタイミングや内容を知っておくと、怪しいメールを見抜くことができる可能性が高くなります。

URLにアクセスする際は事前にチェックする

不正サイトはアクセスするだけで危険

不正なサイトにアクセスすると、ウイルスに感染したり、パソコンが動かなくなったり、個人情報が盗まれる可能性があります。また、メールに含まれる特定のURLへアクセスした際に、メールアドレスが犯罪者に知られてしまい、さらに多くの不審なメールが送られてくる可能性があります。

「アクセスしてから判断しよう」
「詐欺だと思うけど冷やかしで見てみよう」

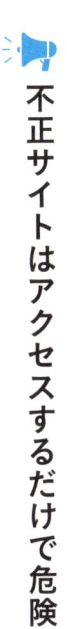

などと考えて安易にアクセスするのは危険です。**不審なＵＲＬには絶対アクセスしない**ようにしましょう。

安全なサイトか事前にチェックする

とはいえ、メールの内容に心当たりがあったり、やむをえず記載されているＵＲＬにアクセスしなければならない場合もあると思います。その場合は、事前に**ＵＲＬスキャンサービスを利用**して、安全かどうかチェックしてからアクセスするようにしましょう。

ＵＲＬスキャンサービスでは、ＵＲＬをコピーして入力、実行ボタンを押すだけで、ＵＲＬのアクセス先が危険なサイトかどうかを調べることができます。参考に、無償で利用できるＵＲＬスキャンサービスを紹介します。

● **詐欺サイトチェッカー（https://checker.sagiwall.jp/#notesonuse）**

インターネットの詐欺対策ソフトなどを提供しているＢＢソフトサービスが運

詐欺サイトチェッカー

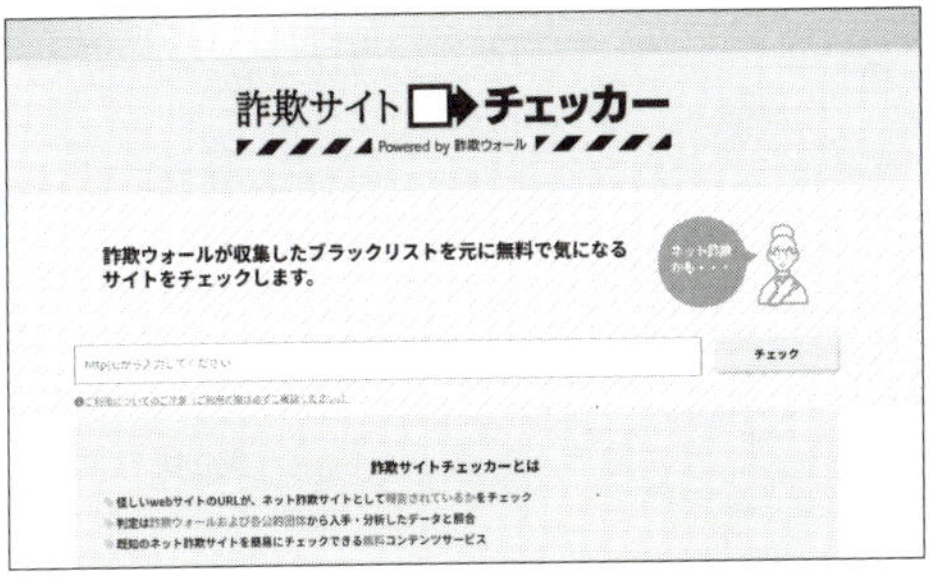

aguse.jp

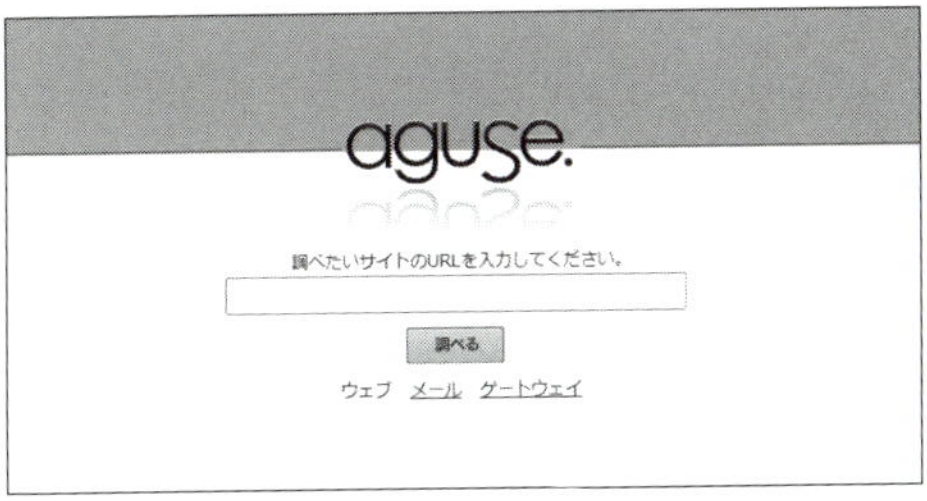

営しているURLスキャンサービス。同社が提供しているセキュリティソフト「詐欺ウォール」のブロックリストに登録されているサイトかどうかを検知します。

● aguse.jp(https://www.aguse.jp/)

Webセキュリティの企業であるアグスネット株式会社が運営しているWeb調査サービス。入力したURLの詳細を確認できるほか、その他情報欄にて、入力したURLが主要なURLのブロックリストに含まれていないかを調査できます。

URLスキャンサービスが100%安全なわけではない

URLスキャンサービスで検知できるのは、すでに危険とわかっているサイトやURLのみです。つまり、犯罪者が作成したばかりの精巧なURLや、新たな詐欺の手口を用いたサイトなどは検知できない可能性があります。「URLスキャンサービスで問題がなかったから、100%安全にアクセスができる」というわけではないことは理解しておくといいでしょう。

さらに、サービスによっては、入力したURLがセキュリティ研究者や企業にも共有されることがあります。公開したくないURL、たとえば友人とのファイル共有用URLやSNSの招待URLなど、個人情報を含む可能性のあるURLは、入力しないよう注意しましょう。

電話番号をチェックする

知らない電話には出ない

電話への対応の基本は、「知らない番号からの電話には出ない」ということです。

「電話ぐらい出ても大丈夫だろう」と思うかもしれませんが、犯罪者の会話術は日々進化しており、今後も新しい詐欺の手口が出現する可能性があります。そうした手口に引っかからないためには、犯罪者との接触を極力減らすことが大切です。

「大事な電話を取り逃してしまうのではないか？」と不安に思われるかもしれませんが、知人や家族の連絡先は登録しておき、留守番電話の設定をしましょう。

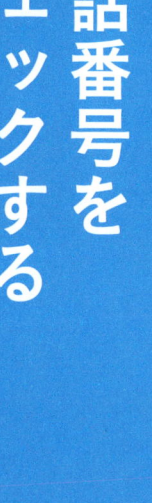

だれからの電話かすぐにわかるようになり、安全に電話に出ることができます。登録していない相手でも、重要な連絡であれば留守番電話にメッセージを残してくれるでしょう。

怪しい電話をブロックする

そもそも、怪しい電話がかかってこないようにする対策も有効です。

まずおすすめなのは、**「国際電話不取扱受付センター」（0120−210−364）を利用する**ことです。これは、海外からかかってきた電話の発信・着信を無償で休止できるサービスです。

近年の詐欺は海外から電話がかかってくることが多いため、海外からの電話がかかってこないようにするのも有効です。

また、市や県の警察が、固定電話に接続して詐欺電話をブロックする機械を貸し出していたり、購入の補助金を出していたりしている場合もありますので、警察に相談するのも有効です。

かけ直す前に電話番号を調べる

知らない番号から来た電話を無視した後は、留守番電話があるなら確認し、必要に応じて折り返し電話をしましょう。しかし、その前に、電話の相手が犯罪者などではないか確認すると安全です。調べる方法は、**「電話番号をコピーして検索エンジンの検索窓に電話番号を入力し、検索結果を確認する」**だけです。

インターネット上には、詐欺の電話がかかってきたことについて情報を発信しているブログ・SNSの投稿や、「電話帳ナビ」(https://www.telnavi.jp/)などの電話番号の情報を収集した情報をまとめているサイトが存在します。「電話帳ナビ」は、多くのユーザーが過去に受けた電話の情報を集めているため、詐欺や悪質な電話番号をかんたんに確認できる便利なツールです。

これらを利用することで、その電話番号が過去、詐欺や悪質な営業目的で使われていたかを確認することができるため、だれからの電話かを事前に知ることができ、より安全に対応することができます。

ただし、ＳＮＳの投稿には誤った情報があったり、相手に対する嫌がらせで電話番号に悪い評価をつける悪意のあるユーザーもいたりします。**検索した情報が誤っている可能性がある**点はご注意ください。

広告ブロッカーを利用する

詐欺広告が表示されないようにして、まちがってクリックしないようにする

インターネットを利用していると、たくさんの広告が表示されます。たとえば、ニュースサイトやブログ、ＳＮＳの画面端や前面などに広告は表示されます。**きちんとした広告に紛れて、犯罪者も詐欺に誘導する広告を掲載しています。**

詐欺広告の内容はさまざまですが、普通の広告と同様に関心が高いキーワードや内容を使用していることもあり、思わずクリックしてしまう可能性があります。

そうならないためには、「広告ブロッカー」が役立ちます。広告ブロッカーは、インターネット閲覧時に表示される不要な広告を自動的にブロックして非表示にしてくれます。

Adblock Plus

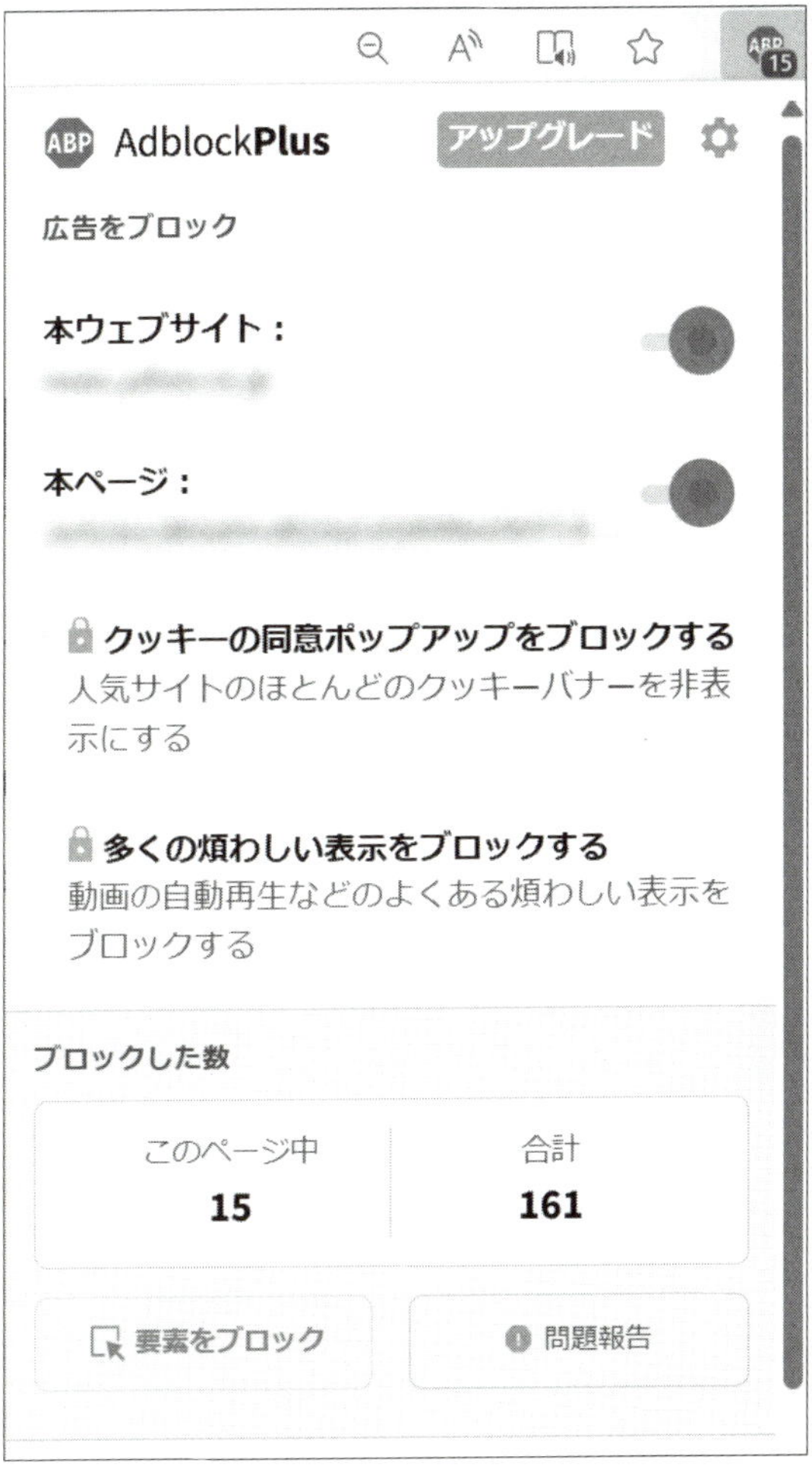

広告ブロッカーは、インターネットを閲覧するために使用するブラウザの拡張機能として提供されているものが多いです。ブラウザの設定で拡張機能の項目からストアにアクセスして導入できます。ストア上で「広告ブロック」で検索すると、さまざまな広告ブロッカーが出てきます。たとえば、「Adblock Plus」というものは、無償で利用することができます。さらに機能が多い有償版もあります。

なお、広告ブロッカーはサイトで本来表示する情報を排除している仕組み上、うまく閲覧できなくなる場合もあります。

広告ブロッカーを過信しない

広告ブロッカーを使っても、すべての広告が表示されなくなるわけではありません。表示された広告の中には、詐欺広告が含まれている可能性もあり、慎重に見る必要があります。

広告ブロッカーは**「悪質な広告が表示されにくくなる」程度のもの**と捉えて利

用するといいでしょう。

「相談は恥」と思わない

相談・共有することを心がける

詐欺の被害を防ぐには、まず自分がだまされそうになっていることに気づかなければなりません。そのためには、普段から家族や友人、同僚などまわりの信頼できる人に、気になっていることを話したり、どうしたらいいか相談したりすることが大切です。

たとえば、ＳＮＳで知り合った人に投資を勧められた際や、突然、役所・警察を名乗る人物から電話があった際などに、家族や友人・同僚などだれかに話したり、相談したりしていると、自分ではまったく不審に思わなかったことでも、

「それ怪しいよ。だまされているかもしれないから気をつけて！」
「警察に相談したほうがいいよ！」

など、まわりの人が詐欺だと気づき、注意やアドバイスをしてくれる可能性があります。

また、**何があったのか一連の流れを声に出して話す**ことで、自分の中でも整理でき、

「あのときの話し方が怪しかったな」
「本当にかんたんに儲けることができるのかな」

など、違和感に気づいたり、冷静になって考えたりすることもできるでしょう。

「まわりに迷惑をかけたくない」

「悩んでいることを知られたくない」

そんな気持ちから相談することが恥ずかしいと思うかもしれませんが、人間は頼られるとうれしいと感じる生き物です。それに、昨今の金融犯罪被害は甚大なものとなっており、それだけ多くの人がだまされるほどの巧妙な手口が使われているわけです。だまされそうになっていることをだれかに相談することは、決して恥ずかしいことではありません。

そして、自分が相談を受けた場合は、相手に「あなたはまちがっている。絶対にこうするべきだ」というように強くあたらず、**自分が相談する立場だったらどう対応してもらいたいか**を考えて、親身になって話を聞いてあげることも大切です。

だまされてしまってからでは、被害額を取り戻すのはかんたんではありません。ぜひ、勇気を振り絞って、些細なことでもまわりの人に相談してみましょう。

相談する相手を決めておく

日ごろから、だれかに自分が気になっていることや最近起きた出来事、悩みごとなどを話している人であれば、何か起きたときに「あの人に相談しよう」と顔が思い浮かぶかと思います。しかし、その相談相手がいないと感じている人もいるかもしれません。

ただ、そのような人にも、信頼できる家族や親しい友人・同僚などがいると思います。相談相手は多いに越したことはないですが、まずは「この人になら相談できるかも」という人を決めておきましょう。

そして、日ごろから、些細なことでも気軽に相談できる関係を作ることも重要です。いきなり重大な相談をすることは躊躇すると思うので、**何か起きる前にある程度相談しやすいと感じるまで親しくなっておく**といいでしょう。

相談窓口を活用する

相談を親身になって聞いてくれる相手は、家族や友人・同僚などまわりにいる人だけではありません。

「まわりに相談するのは少し気が引ける」
「悩んでいることを知られたくない」

そう思う場合は、警察や消費生活センターに相談することをおすすめします。**警察には、相談専用の電話番号「＃９１１０」があります。**この番号は、全国どこからでも、電話をかけた地域を管轄する警察本部などの相談窓口につながります。これを活用することで、わざわざ最寄りの警察署の相談窓口に出向いたり、緊急通報としてよく知られている１１０番に電話をしたりしなくても、不安に感じていることを相談することができます。

「いきなり警察に電話するのはためらう」
「警察に相談することなのかわからない」

そう思う場合は、最寄りの消費生活センターや消費生活相談窓口につながる、**「消費者ホットライン」の「188」**への相談をおすすめします。ここでは、専門知識や経験を持った相談員からアドバイスをもらったり、専門機関の適切な相談窓口を教えてくれたりします。

「相談できる人がいない」とあきらめずに、相談窓口を活用することで、被害に遭う可能性を下げることができます。

索引

池田 芳輝(いけだ よしてる)

株式会社ラック 金融犯罪対策センター 担当部長。

IT ベンダーを経て株式会社ラックへ入社。2022年までシステム開発・セキュリティ関連・ソリューション導入の販売に従事。2023年より現職。不正取引検知ソリューションのプロモーション、提案、導入支援などに従事。

海老原 章(えびはら あきら)

株式会社ラック 金融犯罪対策センター 担当部長。

大手金融機関やメガバンクを経て2024年より現職。金融機関での法人取引やトランザクションビジネス企画推進、AML ／ CFT 対策の経験を活かし、金融犯罪対策、サイバー犯罪対策のコンサルテーションや、不正取引検知ソリューションの提案、導入支援などに従事。

新林 直樹(あらばやし なおき)

株式会社ラック 金融犯罪対策センター サイバーセキュリティ・金融犯罪対策コンサルタント。

2016年に株式会社ラックへ入社。2017年までおもに金融機関へのサイバーセキュリティ対策のコンサルテーションに従事。その後、2022年6月まで大手金融機関へ出向し、CSIRT 業務支援に従事。現在は、金融犯罪対策、サイバー犯罪対策のコンサルテーションや、不正取引検知ソリューションのプロモーション、提案、導入支援などに従事。

田中 しおり(たなか しおり)

株式会社ラック 金融犯罪対策センター サイバーセキュリティ・金融犯罪対策コンサルタント。

2020年に株式会社ラックへ入社。2021年まで金融機関へのサイバーセキュリティ分野の動向や脆弱性情報の提供、対策の提言などに従事。現在は、金融犯罪対策、サイバー犯罪対策のコンサルテーションや、不正取引検知ソリューションの提案、導入支援などに従事。

佐野 智弥(さの ともや)

株式会社ラック 金融犯罪対策センター サイバーセキュリティ・金融犯罪対策コンサルタント。

2021年まで大学院でフィッシングや AI を用いた悪性サイトの検知について研究。2022年に株式会社ラックへ入社。現在は、金融犯罪対策、サイバー犯罪対策のコンサルテーションや、不正取引検知のソリューションの導入支援、日本サイバー犯罪対策センターやフィッシング対策協議会などの関連外部団体・組織と連携した活動などに従事。

著者プロフィール

株式会社ラック 金融犯罪対策センター
(かぶしきがいしゃらっく きんゆうはんざいたいさくせんたー)

情報セキュリティ分野のリーディング企業である株式会社ラックが、近年増加するサイバー犯罪や金融犯罪に対応する専門組織として、2021年5月に設立。「安心して利用できる金融サービス環境の実現」を目指し、多角的な取り組みを展開している。

ラックが持つ最先端のセキュリティ技術やAIの活用に加え、元金融機関での経験を持つ専門家が中心となり、現場の知見を活かした実践的な対策を提案。ITにくわしくない方でも安心して利用できる仕組みづくりを支援し、だれもが安心して暮らせる社会を目指している。

【ホームページ】https://www.lac.co.jp/corporate/unit/fc3.html

小森 美武(こもり よしたけ)

株式会社ラック 初代金融犯罪対策センター長。

2020年まで三菱UFJ銀行にてサイバー犯罪や金融犯罪対策を陣頭指揮。2018〜20年に日本サイバー犯罪対策センター（JC3）の幹事。2020年5月に株式会社ラックへ転職。2021年に金融犯罪対策センターを立ち上げ、センター長に就任。現在は、金融機関での実務経験を活かし、金融犯罪対策、サイバー犯罪対策のコンサルテーションや、不正取引検知ソリューションの提案、金融業界への啓発などに従事。

木村 将之(きむら まさゆき)

株式会社ラック 金融犯罪対策センター 担当部長。

メガバンクにてサイバー犯罪対策や金融犯罪対策の調査・分析および施策の企画・立案に従事。2021年より現職。金融機関での実務経験を活かし、金融犯罪対策、サイバー犯罪対策のコンサルテーションや、不正取引検知ソリューションの提案、導入支援などに従事。

岡本 信秀(おかもと のぶひで)

株式会社ラック 金融犯罪対策センター 担当部長（福岡在住）。

地域金融機関を経て2023年より現職。金融機関でのIT企画やシステムリスク管理、サイバーセキュリティなどの経験を活かし、金融犯罪対策、サイバー犯罪対策、サイバーセキュリティ対策のコンサルテーションや、不正取引検知ソリューションの提案、導入支援などに従事。

カバーデザイン　小口翔平＋嵩あかり（tobufune）
カバーイラスト　金安亮
本文デザイン　二ノ宮匡（nixinc）
編集　傳 智之

お問い合わせについて

本書に関するご質問は、Webサイトの質問用フォームでお願いいたします。電話でのお問い合わせにはお答えできません。
ご質問の際には以下を明記してください。

・書籍名
・該当ページ
・返信先（メールアドレス）

お送りいただいたご質問には、できる限り迅速にお答えするよう努力しておりますが、お時間をいただくこともございます。
なお、ご質問は本書に記載されている内容に関するもののみとさせていただきます。

問い合わせ先

「だます技術」係
https://gihyo.jp/book/2025/978-4-297-14728-0

だます技術《ぎじゅつ》

2025年 3月 20日　初版　第1刷発行
2025年 5月 13日　初版　第3刷発行

著者　株式会社《かぶしきがいしゃ》ラック 金融犯罪対策《きんゆうはんざいたいさく》センター
小森美武《こもりよしたけ》、木村将之《きむらまさゆき》、岡本信秀《おかもとのぶひで》、池田芳輝《いけだよしてる》、
海老原章《えびはらあきら》、新林直樹《あらばやしなおき》、田中《たなか》しおり、佐野智弥《さのともや》

発行者　片岡巌

発行所　株式会社技術評論社
東京都新宿区市谷左内町21-13
電話　03-3513-6150　販売促進部
　　　03-3513-6185　書籍編集部

印刷・製本　昭和情報プロセス株式会社

定価はカバーに表示してあります。

造本には細心の注意を払っておりますが、万一、乱丁（ページの乱れ）や落丁（ページの抜け）がございましたら、小社販売促進部までお送りください。送料小社負担にてお取り替えいたします。

ISBN978-4-297-14728-0　C3036
Printed in Japan